MBTI 유형별
리더십 & 팔로워십

MBTI
유형별
리더십 & 팔로워십

윤서영 지음

커리어북스
CAREER BOOKS

지금까지 대중의 높은 관심으로 다양한 분야의 MBTI 도서가 출간되었다. 그러나 대부분 도서에서 MBTI 유형별 특성을 언급하는 데 그치다 보니 자기를 알기 위한 성격검사가 오히려 사람을 하나의 틀에 가둔다는 비판의 목소리가 높아지고 있다. MBTI 성격검사는 오래전부터 심리상담에 내담자의 성향을 파악하기 위한 진단지 중 하나로 심리학에서는 가장 많이 사용하는 진단지로 자리 잡았다. 그런데도 성격을 16개 고정관념의 틀에 가둔다는 비판이 계속되는 것은 MBTI를 깊이 있게 다루지 않고 단순하게 정의해 버리는 방대하고 무분별한 자료 때문일 것이다.

지금까지 커리어북스에서 출간한 MBTI 도서 중《MBTI 유형별 유튜브 콘텐츠 컨설턴트》에서는 MBTI 유형을 성격의 장단점이 아닌 '개성'으로 살펴 콘텐츠의 '강점'으로 승화하는 유튜브 콘셉트를 컨설턴트 했다.《MBTI 유형별 스트레스 해소법》에서는 MBTI 유형의 주기능, 부기능, 3차기능, 열등기능 중 스트레스와 같은 극한의 상황에 표출되는 건강하지 못한 열등기능과 함께 주기능이 과부하 되면 자연스럽게 나오는 부기능을 살펴보았다. 이번 《MBTI 유형별 리더십 & 팔로워십》에서는 MBTI의 주인공인 주기능을 알아보고 타인과 의사소통하는 유형을 살펴보려 한다. 또한 경영학 연구의 '리더십과 팔로워십 모델'을 적용하고 심리학의 <조해리의 창> 진단지를 더해 MBTI의 심리학적 한계를 보완하고자 한다.

에니어그램은 성격을 1번부터 9번까지 아홉 개 유형으로 나눈다. 아홉 개의 자기 성향을 발전시키려면 자기 성격의 양쪽 번호 기능이 추가되는데 이를 '양쪽 날개를 펼친다'라고 표현한다. 사람은 나이가 들며 자연스럽게 자기 성향을 발전시킨다. 우리가 '연륜'이라고 부르는 것이 아마도 이것을 뜻하는 게 아닐까 한다. 스트레스 상황에서는 성장 방향과 반대로 퇴행이 이루어지기도 하는데, 에니어그램 표에는 번호별로 성장 방향과 퇴행 방향이 표기되어 있다.

MBTI도 마찬가지로 성격의 성장과 퇴행을 다룬다. 심리학자 카를 융은 MBTI 유형별로 주기능, 부기능, 3차기능, 열등기능이 나이에 따라 순서대로 성장하는데 이것이 성격의 '성장' 혹은 '성숙'이라고 표현했다. 이 책은 조직의 리더와 팔로워를 위한 도서이지만, MBTI 유형인 네 글자 중 내 가슴속 주인인 주기능과 부기능에 따른 방식에 초점이 맞추어져 있다. 결국 리더든, 팔로워든 타인과 교감하는 방법은 자신의 성격에 따른 말과 행동으로 이루어지기 때문이다. 그러니 리더와 팔로워가 아니더라도 타인과의 원활한 커뮤니케이션을 원하는 독자에게도 도움이 될 것이다. 나를 이끄는 주인인 주기능을 알아차리고 관심을 가질 때 어제보다 성숙한 나를 만날 수 있을 것이다.

팔로워를 거치지 않은 리더란 없다

처음부터 리더로 태어난 사람은 없다. 팔로워인 사원은 시간이 지나며 리더로 성장한다. 그래서 처음에는 팔로워십만 사용하지만, 어느 날 갑자기 리더가 되면 리더십이 필요해진다. 필자도 이미 겪어본 이야기이다. 리더십 도서의 판매지수가 지속해서 높은 것은 이 때문이다. 늘 그렇지만, '처음'이라는 단어는 '생소함', '낯섦', '당황', '황당'을 적절하게 섞은 그 어디쯤에 있다. 그래서 신입 리더는 새로운 일에 늘 어설프고 당혹스럽다.

　우리가 흔히 말하는 리더(Leader)란, 대부분 '중간 관리자'를 의미한다. 그들은 조직의 TOP(CEO)이 아니며 아래로 팔로워(Follower)가 있지만, 자기 상사에게 본인도 팔로워가 되는 이중성을 가진다. 그런데도 대부분의 리더십 도서에서는 리더의 자질에 관해서만 다루고 있다. 이에 《MBTI 유형별 리더십 & 팔로워십》에서는 중간 관리자를 위해 리더십과 팔로워십을 모두 다루고자 한다.

　이쯤에서 고민해볼 수 있다. 'MBTI 유형에 따라서만 의사소통 방식이 다를 뿐, 같은 유형이라면 윗사람(리더)이나 아랫사람(팔로워)에게 똑같이 행동하지 않을까?' 그러나 아니다. 다양한 경영학 논문에서 다루는 리더십과 팔로워십 모델 유형이 다른 것은 회사(조직)에서 요구하는 기대 수준(목표)이 다르기 때문이다. 이런 의미에서 나의 리더십과 팔로워십 유형을 아는 것은 조직 생활에 도움이 될 것이다.

필자는 13년의 조직 생활을 했는데, 입사해 3년 후 팀장이 되었다. 처음 팀장이 되어 고작 15명의 팀원 앞에서 덜덜 떨면서 미팅했던 날이 떠오른다. 이후 QA 강사 조직과 300명의 상담 품질을 관리하는 QM(Quality Manager), 센터장을 거쳐 700여 명 조직의 운영지원을 담당하는 운영지원총괄까지 10년 넘게 중간 관리자의 경험을 쌓았다. 이 책에서 리더십과 팔로워십의 에피소드에는 필자의 경험을 녹여내었다. 이후 석사로 경영학을 전공하고, 학부에 편입해 상담심리학을 공부했다. 이 책이 심리학의 MBTI와 <조해리의 창> 진단지와 경영학의 리더십과 팔로워십을 함께 다루는 것은 필자의 복잡한(?) 학력이 일조했다고 볼 수 있겠다.

이 책을 집필하며 13년이라는 세월이 주마등처럼 뇌리를 스친다. 팔로워와 리더의 역할이 확실히 다르고, QM, 센터장, 운영지원총괄이라는 직책에 따라서 직무도 당연히 달라졌다. 그러나 공통적인 것은 사람은 개인마다 성향(성격)이 있으며, 그 성향에 따라 비슷한 상황에서 비슷한 패턴의 언행을 취한다는 점이다. 성격심리학의 연구는 결국 그 사람의 성격을 파악해 미래에 비슷한 상황에서의 언행을 예측하는 것을 목표로 한다. 회사생활에서 가장 힘들다는 인간관계에 지금을 준비하는 팔로워와 리더에게 이 책이 도움이 되었으면 하는 바람이다.

MBTI와
의사소통 유형

MBTI
성격유형

▶
  ▶

  ▶

성격이란, 각 개인이 가진 남과 다른 자기만의 행동양식으로 90% 이상이 유전된다. 성격 급한 집안에서 성격 급한 사람이 나오는 것은 이런 이유에서다. 그러니 성격의 90%는 내 의지로 형성한 것이 아니다. 타인의 성격을 관찰자 처지에서 볼 수 있는 시기가 명절이다. 집안 어르신들과 가족이 다 모이면 대체로 비슷한 말과 행동을 보인다. 일상에서 무심하게 넘어가던 것이 관찰자의 관점에서 더 도드라지게 보이는 환경이 만들어지는 셈이다.

이렇게 우리는 비슷한 상황에서 내가 알아차리지 못하는 사이에 대체로 비슷하게 말하고 행동한다. 물론 환경에 따라 성격은 변하기도 한다. 직업이 무엇인지에 따라 MBTI가 변하는 것은 이 때문이다.

직업에 따라 성격에서 개발되어야 하는 요소가 다르니 '현재 필요한 점'이 발달하는 것은 당연하다. 그러나 기본적인 성향까지 바뀌는 것은 힘들다고 보는 것이 맞다.

MBTI는 마이어스-브릭스 유형 지표로 심리학자 카를 구스타프 융의 분석심리학을 모델로 1944년 개발한 자기 보고형 성격검사이다. 두 개의 태도 지표(외향-내향, 판단-인식)와 두 개의 기능 지표(감각-직관, 사고-감정)에 대한 개인의 선호도를 밝혀 사람의 성격을 16가지 유형으로 분류한다. MBTI의 높은 비판에도 불구하고 인기가 식지 않는 것은 실제 심리상담 현장에서 가장 많이 사용하는 과학적인 성격검사 도구이기 때문이다.

외향(S)과 내향(I)

외향과 내향을 구분 짓는 것은 '에너지의 방향'과 '주의 초점', '태도'의 차이다. 외향N은 에너지의 방향과 주의 초점이 자기 외부이며, 태도는 적극적이고 활달하면서 정열적이다. 자신의 감정이나 생각을 말이나 행동인 자기 외부로 표현해 타인이 잘 알게 한다. 이런 적극적인 태도는 타인과의 교류에 적합해 대인관계가 원만하고 그들과 함께 나누는 것을 즐긴다. 넘치는 에너지는 여러 사람과 동시에 대화할 수 있게 하며, 먼저 행동하고 후에 생각하는 경향이 있다. 반면 내향(I)은 주의 집중이 자기 내부로 향한다. 자기 공간에서 조용하고 신중하게 먼저 생각하고 이를 글로 정리하거나 표현한 후에 행동하는 것을 선호한다. 1:1의 대화로 깊이 있는 소수와의 대인관계를 선호한다. 내부 활동에 집중하는 비축에 의한 에너지 충전한다.

감각(S)과 직관(N)

감각과 직관은 정보를 수집하는 인식기능의 차이를 의미한다. 감각은 오감으로, 직관은 육감으로 정보를 수집한다. 감각S은 지금 느낌을 인지하는 것을 즐기므로 '지금 여기Here and Now'에 초점이 맞추어져 있다. 실제 경험을 중시하고 현실을 수용하며, 사실적이고 구체적으로 실태를 파악하게 한다. 일관성을 유지하며 정확한 일 처리가 가능하게 하지만 숲이 아닌 나무만 보는 경향을 보인다. 직관N은 육감으로 미래와 가능성에 대해 열려있는 자세를 유지하게 한다. 변화와 다양성을 받아들이고 새로운 시도를 긍정적으로 수용하게 한다. 다양한 아이디어와 상상을 가능하게 하며 숲을 보는 시각을 가진다.

사고(T)와 감정(F)

감각S과 직관N으로 정보를 수집하고 인식한 내용을 토대로 의사결정을 판단하는 것이 사고와 감정이다. 사고T는 사실(fact)을 기반으로 객관적인 판단을 선호하며, 논리적이고 분석적이다. 원인과 결과, 규범과 기준을 중시하며 원리와 원칙에 기반해 움직인다. 감정F은 관심의 주제가 사람과, 관계에서 오는 감정이 주가 된다. 주관적 판단을 중시하며 나에게 주는 의미, 영향 등 상황적이고 포괄적인 내용으로 해석한다. 보편적인 선을 중시하며 '좋다', '나쁘다'라는 것으로 나누는 판단을 중요하게 생각한다. 의미와 영향에 대해 늘 고민하며, 우호적인 협조가 가능하다.

판단(J)과 인식(P)

판단과 인식은 외부 세계에 대처하는 양식 즉, 생활양식을 의미한다. 생활양식이라는 표현이 좀 낯설 수도 있는데, 평소 생활하는 방식이라고 생각해도 좋다. 판단J은 생활 전반에 걸쳐 체계적인 것을 선호한다. 목적의식이 분명하며, 정리·정돈하고 계획을 짠다. 뚜렷한 기준과 자기 의사가 있으며 방향감각이 분명하다. 신속하게 결론을 내어 통제와 조정이 가능한 상태를 선호한다. 반면, 인식P은 자율적으로 상황에 맞추는 개방성이 있다. 중간에 목적과 방향이 변화되는 것에 융통성과 적응력이 뛰어나다. 이는 결론보다는 과정을 즐기기 때문이기도 하다. 이러한 이해로 수용하는 자세가 인식형의 가장 큰 특징이기도 하다. 대체로 모든 일에 대해 이해로 수용하며, 신속함보다 유유자적하는 과정을 즐기는 경향이 있다.

MBTI 성격유형

외향형 ·························· Extraversion

'에너지 방향', '주의 초점'이 자기 외부로 향한
다. 외부 활동에 적극적, 정열적, 활동적이다.
자기 생각을 말로 타인에게 쉽게 알린다.

감각형 ·························· Sensing

오감을 이용한 실제 경험을 선호하며, 현실을
수용하고 실태 파악이 빠르다. 일 처리가 정
확하고 철저하며 관례를 따른다.

사고형 ·························· Thinking

의사결정 판단을 사실에 근거하며 논리적이
고 분석적이다. 객관적 판단을 선호하며 원인
과 결과, 규범과 기준을 중시한다.

판단형 ·························· Judging

생활양식이 체계적이며, 정리 정돈을 잘하고,
계획적이다. 신속한 결론으로 통제와 조정할
수 있게 한다. 목적이 분명한 것을 선호한다.

내향형 ·· Introversion

'에너지 방향', '주의 초점'이 자기 내부로 향한
다. 생각을 글로 표현하며, 깊이 있는 대인관
계, 자기 공간, 내부 활동의 집중을 선호한다.

직관형 ·· iNtuition

육감에 '주의 초점'을 맞추며, 미래지향적이
고 가능성을 살핀다. 창의력으로 아이디어가
풍부하며, 신속한 일 처리를 선호한다.

감정형 ·· Feeling

의사결정을 사람과 관계로 판단한다. 주관적
판단을 중시하며, 상황적이며 포괄적이다. 보
편적인 선을 중시하고 우호적으로 협조한다.

인식형 ··· Perceiving

생활양식이 자유롭고 개방적인 것을 선호한
다. 목적과 방향의 변화를 수용하는 융통성이
있으며 적응이 빠르다. 과정을 즐긴다.

MBTI의 중심
주기능과 부기능

MBTI 유형별 인식기능$^{S\ or\ N}$과 판단기능$^{T\ or\ F}$ 중 하나가 주기능이며 남은 하나는 부기능이다. 주기능의 반대기능이 열등기능이고, 부기능의 반대기능이 3차기능이다. 주기능, 부기능, 3차기능, 열등기능 각각의 정의를 살펴보면 다음과 같다.

① **주기능** : 의식적으로 자신이 가장 선호해서 가장 많이 사용하는 기능을 의미하며, 이는 개인 성격의 핵심이 된다.

② **부기능** : 주기능을 보완하는 상보적 역할을 하며 두 번째로 익숙하다.

③ **3차기능** : 무의식인 열등기능과 의식인 주기능, 부기능을 연결해 준다.

④ **열등기능** : 무의식 차원의 덜 발달된 기능이다.

MBTI의 심리기능

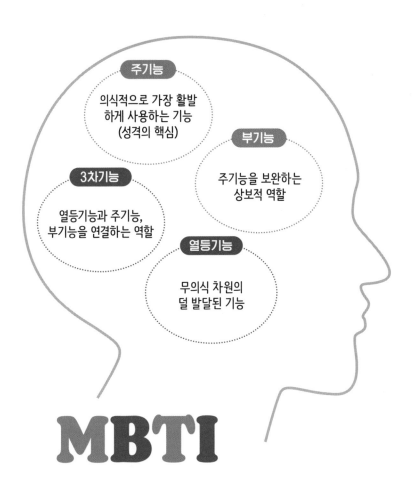

주기능
의식적으로 가장 활발
하게 사용하는 기능
(성격의 핵심)

부기능
주기능을 보완하는
상보적 역할

3차기능
열등기능과 주기능,
부기능을 연결하는 역할

열등기능
무의식 차원의
덜 발달된 기능

MBTI

유형	주기능	부기능	3차기능	열등기능	유형	주기능	부기능	3차기능	열등기능
ESTP	S(e)	T(i)	F	N(i)	ESTJ	T(e)	S(i)	N	F(i)
ISTP	T(i)	S(e)	N	F(e)	ISTJ	S(i)	T(e)	F	N(e)
ESFP	S(e)	F(i)	T	N(i)	ESFJ	F(e)	S(i)	N	T(i)
ISFP	F(i)	S(e)	N	T(e)	ISFJ	S(i)	F(e)	T	N(e)
ENFJ	F(e)	N(i)	S	T(i)	ENTJ	T(e)	N(i)	S	F(i)
INFJ	N(i)	F(e)	T	S(e)	INTJ	N(i)	T(e)	F	S(e)
ENFP	N(e)	F(i)	T	S(i)	ENTP	N(e)	T(i)	F	S(i)
INFP	F(i)	N(e)	S	T(e)	INTP	T(i)	N(e)	S	F(e)

이 네 가지 기능은 심리의 위계질서를 보여준다고 해서 'MBTI 유형의 심리위계'라 하며, 위의 <표 1>과 같다. 주기능은 쉽게 말해 자기 심리의 대장이다. 심리학자 칼 융은 심리위계는 개인의 성장순서와 같다고 했다. 주기능이 성장한 후 부기능, 3차기능, 열등기능의 순으로 성장한다는 의미이다. 주기능을 가장 많이 사용하니 다른 기능보다 성장이 빠른 것은 당연하며 나이가 들며 자신도 모르게 사용하게 되어 부기능은 자연스럽게 성장한다.

주기능과 부기능

MBTI 강의하며 주기능과 부기능을 어떻게 하면 더 쉽게 전달할까 고민했다. 영문 옆에 (e)와 (i)까지 있으니 어려워하시는 분이 많았다.

그래서 이번 책에서는 《인사이드 아웃》처럼 그림만 봐도 이해가 되도록 이미지로 준비했다.

《인사이드 아웃》을 본 독자라면 엄마와 아빠 머릿속 다양한 감정이 나오는 장면에서 중심 감정이 서로 다름을 보았을 것이다. 엄마는 감정의 중심에 '슬픔이'가 앉아 있다. 이는 에니어그램의 '가슴형'에 해당하며 MBTI의 'F'에 해당한다. 이들의 특성은 타인의 감정을 섬세하게 살피며, 공감 능력이 뛰어나며 시각은 과거에 있어 지나간 일을 반추하는 경향을 보인다. 반면 아빠는 감정의 중심에 '버럭이'가 앉아 있다. 이는 에니어그램의 '장형'에 해당하며 MBTI의 'S'에 해당한다.

많은 사람이 'F'의 반대는 'T'라 생각하지만, 오히려 'S'는 아닌지 잘 살펴봐야 한다. 'S'는 행동을 먼저하고 나중에 사고하는 유형으로 타인보다 자신의 요구(needs)에 관심이 높다. 시각은 현재에 있어 지금을 즐기고 느끼는 데 에너지의 대부분을 사용하며 타인에 관해 공감이 어렵다는 점도 이들의 특성 중 하나이다.

ESTP를 예를 들어보면, 주기능은 S(e), 부기능은 T(i)이다. S는 감각을 의미하며, 괄호 안의 (e)는 에너지의 방향이 외부로 향하는 것을 의미한다. 감각을 외부로 사용하는 것은 운동, 쇼핑 등 몸을 움직이고 직접 체험하는 것을 즐긴다. T는 사고를 의미하며, 괄호 안의 (i)는 에너지의 방향이 내부로 향하는 것을 의미한다. 평소 생각보다 행동을 먼저 하는 ESTP는 시행착오를 거치며 신중함이 필요함을 인식하고 생각을 정리하기 시작한다. 이러한 과정이 부기능의 성장이다.

<그림 1>과 같이 ESTP 유형의 E, S, T, P, 네 글자 중 S(주기능)와 T(부기능)가 중심이 되는 것으로 표현했다. ESTP 성격의 중심이 무엇인지 표현하기 위해 금색과 은색 왕관을 사용했다. 앞서 예시로 든 《인사이드 아웃》의 엄마와 아빠의 감정과 같이 이미지만으로도 ESTP의 주인공이 누구인지 드러나게 했다.

ESTP의 안주인은 감각인 S이며, S의 보조역할을 하는 부기능은 사고인 T이다. E는 성격의 중심인 감각의 에너지가 분출되는 방향을 의미하며, 마지막으로 P는 기본적인 생활양식이 즉흥인지 아니면 계획적인지에 관한 내용이다. 이처럼 MBTI 성격의 중심을 이해한다면 나와 타인에 관한 이해도가 더 깊어질 것이다.

주기능의 발달

융은 나이에 따라 주기능, 부기능, 3차기능, 열등기능이 순서대로 발달한다고 주장했다. 어린 시절에는 주기능을 주로 사용하며 다양한 에피소드를 통해 '실패'와 '실수'를 경험하며 자신에게 보완할 점을 모색한다. 이때 자신에게 두 번째로 익숙한 부기능을 나도 모르게 꺼낸다. 누군가 가르쳐주지 않아도 우리는 이미 부기능을 알고 있다. 이것이 성격의 성숙, 성장이며, 나이 듦의 연륜이다. MBTI의 심리위계를 살펴보면 아이러니하게도 부기능은 주기능의 단점을 보완하는 방향으로 설정되어 있다. 이는 MBTI의 과학적인 면을 보여준다.

각각의 주기능으로 어린 시절을 상기하면 다음과 같다.

○ Te(외향적 사고)인 아이는 자기 논리를 중심으로 의견을 말하는 데 집중한다.

○ Ti(내향적 사고)인 아이는 자기 세계 내면에 관찰하고 분석한 것을 하나하나 사고의 정리를 할 것이다.

○ Fe(외향적 감정)인 아이는 자기감정을 말과 행동으로 표현하고 드러내며 타인과 감정적 교류를 하는 것에 집중한다.

○ Fi(내면적 감정)인 아이는 자신과 타인의 감정을 조용히 관찰한다.

○ Se(외향적 감각)인 아이는 몸을 움직이고 체험하는 것에 집중한다.

○ Si(내향적 감각)인 아이는 자신의 주변을 정리하고 할 일에 차분히 집중한다.

○ Ne(외향적 직관)인 아이는 다양한 분야에 열정적이고 적극적으로 나선다.

○ Ni(내향적 직관)인 아이는 자기 내면의 세계에 상상의 나래를 펼칠 것이다.

이렇게 다양한 경험을 통해 주기능이 발달하고, 청소년기를 지나 성인이 되면 자기를 깊이 있게 고민하게 된다. 주로 성공이나 실패의 경험을 통해 자기 성격의 장단점을 나누게 되며, 이를 보완하는 방향으로 말과 행동을 개선하게 되는데 이것이 부기능의 성장이다.

성격 심리학
& <조해리의 창>

▶
　　▶
▶

이번 책에서는 '성격심리학'에 관한 이론적 배경을 좀 더 설명하려고 한다. 심리학자들은 성격에 관한 정의에서 '개인의 특성'에 초점을 맞춘다. 최근 심리학 연구 동향을 살펴보면 성인기 이후에 성격발달이 어떻게 이루어지는가에 관한 관심사가 높아지고 있다. 이를테면, 다음과 같은 질문에 관한 내용이다.

○ 발달단계에 따라 어떤 성격요인이 발달하는가?

○ 성격은 연령의 증가에 따라 어떻게 변화하는가?

○ 성인기 이후에는 성격이 고정되어 불변하는가 아니면 변화하는가?

○ 심리·사회적 요인 중 어떤 것이 성격의 발달과 변화에 어떤 영향을 미치는가?

MBTI의 높은 인기에도 여전히 MBTI가 정답은 아니라는 비판이 많다. 성격심리학의 5가지 접근 중 MBTI는 '특질이론적 접근'의 한 부분에 속한다. 미국의 심리학자 Gordon Allport가 《성격: 심리학적 해석》(1937)에서 성격의 분석단위로 특질(trait)이라는 개념을 제시하여 이를 계기로 Cattel이 1949년 16개의 성격특질을 제시하면서 성격검사인 16PF를 발간했다. 여기에서 더 발전된 것이 우리가 알고 있는 MBTI이며 MBTI 성격유형의 기본은 Jung의 '심리 유형론'이다.

성격의 측정

다시 말하지만, 심리학은 객관적 평가와 측정에서 출발한다. 이는 그 측정도구가 이상행동을 일관성 있는 방식으로 평가하는 정도를 의미하는 '신뢰도(reliability)'와 그 측정도구가 본래 측정하려고 이상행동을 평가하는 정도를 의미하는 타당도(validity)가 모두 신뢰할 수준이라는 것을 의미한다.

심리학자 Block(1993)은 이러한 성격연구에 사용되는 연구자료를 4가지 유형으로 구분했는데, 이를 'LOTS 자료'라 칭했으며 상세 설명은 다음과 같다.

1. L 자료(life-record data) : 생활기록 자료로 개인 성장과정, 가족관계, 현재 생활상황 등 생활사의 자료.

2. O 자료(Observer-rating data) : 관찰자 평정자료로 개인을 잘 아는 사람이 개인에 대해 관찰한 자료로 개인의 성격을 이해하는 Likert 척도로 평정하여 수량화함.

3. T 자료(Test data) : 표준화된 성격검사나 실험과제를 통해 수집된 객관적 자료

4. S 자료(Self-report data) : 자기보고 자료로 개인이 자신에 관해 스스로 설명하거나 질문에 응답한 자료.

MBTI는 이 중 'T 자료'에 속한다. 'L 자료'는 자신이 이미 인지하고 있어 'O 자료'와 'S 자료'가 충족된다면 결과에 관한 신뢰도와 타당도가 더 높아질 것을 기대할 수 있다. 이번 도서에는 'O 자료'와 'S 자료'에 관한 보충으로 《조해리의 창》 진단지를 사용하고자 한다.

조해리의 창

조해리의 창(Johari window)은 심리학자 조셉 루프트(Joseph Luft)와 해링턴 잉햄(Harrington Ingham)에 의해 개발되어 두 학자의 이름을 조합해서 진단지의 이름을 명명했다. 《조해리의 창》은 자신과 타인과의 관계적인 측면(인간관계)을 더 자세히 들여다보는 진단지로 '내가 아는 나와 정보', '내가 모르는 나와 정보', '나는 아는데 남이 모르는 나와 정보', '나도 모르고 남도 모르는 나와 정보' 네 개의 창을 통해 관찰자인 타인의 평가와 내가 하는 자기 보고식 평가를 포함한다.

아래에 인간관계에서 나타날 수 있는 일반적인 행동양식이 기술되어 있습니다. 각 항목이 자신의 행동양식을 얼마나 잘 나타내는지를 1에서 10점까지의 점수로 표시해 주세요.

| 그렇지
않다 | | | | 그저
그렇다 | | | | 매우
그렇다 | |

1. 나는 잘 몰랐을 경우에는 이를 바로 인정한다.
   ① ② ③ ④ ⑤ ⑥ ⑦ ⑧ ⑨ ⑩

2. 나는 다른 사람의 잘못을 지적할 필요가 있을 때는 직접 말한다.
   ① ② ③ ④ ⑤ ⑥ ⑦ ⑧ ⑨ ⑩

3. 나는 납득하기 어려운 지시를 받을 경우 지시한 이유를 물어본다.
   ① ② ③ ④ ⑤ ⑥ ⑦ ⑧ ⑨ ⑩

4. 나의 의견에 대해 남들이 어떻게 생각하는지 물어본다.
   ① ② ③ ④ ⑤ ⑥ ⑦ ⑧ ⑨ ⑩

5. 나는 느낌을 솔직하게 표현한다.
   ① ② ③ ④ ⑤ ⑥ ⑦ ⑧ ⑨ ⑩

6. 다른 사람의 감정을 존중한다.
   ① ② ③ ④ ⑤ ⑥ ⑦ ⑧ ⑨ ⑩

7. 나는 걱정거리가 생길 경우, 터놓고 의논한다.
   ① ② ③ ④ ⑤ ⑥ ⑦ ⑧ ⑨ ⑩

8. 나 혼자 이야기를 계속하여 남을 짜증나게 하지 않는다.
   ① ② ③ ④ ⑤ ⑥ ⑦ ⑧ ⑨ ⑩

9. 나는 진심으로 남의 이야기를 들어준다.
① ② ③ ④ ⑤ ⑥ ⑦ ⑧ ⑨ ⑩

10. 나는 아이디어를 권장하고 대화를 독단적으로 끌고가지 않는다.
① ② ③ ④ ⑤ ⑥ ⑦ ⑧ ⑨ ⑩

---

11. 내 잘못을 숨기거나 남의 탓으로 돌리지 않는다.
① ② ③ ④ ⑤ ⑥ ⑦ ⑧ ⑨ ⑩

12. 나는 다른 사람의 충고를 잘 받아들인다.
① ② ③ ④ ⑤ ⑥ ⑦ ⑧ ⑨ ⑩

13. 나는 달가운 일이 아닐지라도 남들이 알아야 할 사항이라면 알려준다.
① ② ③ ④ ⑤ ⑥ ⑦ ⑧ ⑨ ⑩

14. 남의 의견이 나와 다를 경우, 나의 생각을 말하고 함께 검토해 본다.
① ② ③ ④ ⑤ ⑥ ⑦ ⑧ ⑨ ⑩

15. 나는 말하기 거북한 내용을 거리낌 없이 말한다.
① ② ③ ④ ⑤ ⑥ ⑦ ⑧ ⑨ ⑩

---

16. 나는 변명을 하지 않고 비판에 귀를 기울인다.
① ② ③ ④ ⑤ ⑥ ⑦ ⑧ ⑨ ⑩

17. 나는 있는 그대로를 나타내며 가식이 없는 편이다.
① ② ③ ④ ⑤ ⑥ ⑦ ⑧ ⑨ ⑩

18. 나에게 찬성하지 않는다고 남의 마음을 상하게 하지 않는다.
① ② ③ ④ ⑤ ⑥ ⑦ ⑧ ⑨ ⑩

19. 나는 다른 사람에게 그들의 생각을 발표하도록 권장한다.
① ② ③ ④ ⑤ ⑥ ⑦ ⑧ ⑨ ⑩

20. 나는 확신하는 것을 굽히지 않고 말한다.
① ② ③ ④ ⑤ ⑥ ⑦ ⑧ ⑨ ⑩

각 번호의 점수는 S 열과 L 열로 구분되니 살피며 총점을 더하자.

＊ <조해리의 창> 점수표

번호	1	2	5	7	11	13	14	15	17	20	총점(S)
값											
번호	3	4	6	8	9	10	12	16	18	19	총점(L)
값											

＊ <조해리의 창> 평가표

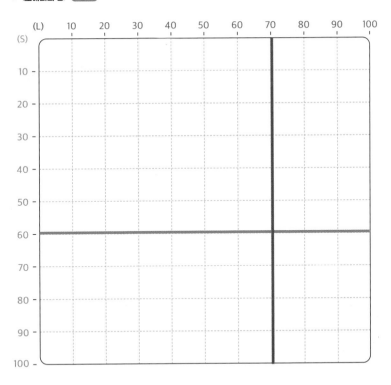

진단지를 마쳤다면, S 점수로 가로줄, L 점수로 세로줄을 긋는다. 예를 들어, S가 60, L이 70이라면 앞의 <조해리의 창 평가표>와 같이 선을 긋고 두 개의 선이 만드는 네 개의 창 크기를 살펴보면 된다. S 점수는 '자기노출' 그리고 L 점수는 '피드백'을 의미하니 참고하자.

네 개의 창은 각각 의미하는 바가 다르다. ①번 영역의 창은 '열린 자아'를 의미하며, ②번 영역의 창은 '눈먼 자아', ③번 영역의 창은 '숨겨진 자아', ④번 영역은 '모르는 자아'를 의미하며 자세한 의미는 <조해리의 창 해석표>와 다음 장의 설명을 참고하자!

＊ **<조해리의 창>** `해석표`

	내가 아는 나 & 정보	내가 모르는 나 & 정보
남이 아는 나 & 정보	**나도 알고 남도 아는 나 그리고 정보(열린 자아)** 인간관계가 원만하고 자기주장이나 표현도 잘하면서 상대방의 말도 잘 경청한다. 상대에 호감을 주어 빨리 친해진다.	**나는 모르고 남이 아는 나 그리고 정보(눈먼 자아)** 딴 사람은 아는 걸 나만 모르는 경우다. 자신이 모른다는 건 타인의 말을 경청하지 않기 때문이다. 타인의 말에 귀를 기울이지 않기에 독단적으로 보일 수 있다.
남이 모르는 나 & 정보	**나는 아는데 남이 모르는 나 그리고 정보(숨겨진 자아)** 딴 사람은 모르는 걸 나는 안다. 상대방의 말을 잘 경청하며 속이 깊고 신중함을 보이지만 속내를 드러내지 않는다. 계산적이고 실리적이다.	**나도 모르고 남도 모르는 나 그리고 정보(모르는 자아)** 인간관계에 소홀하고 혼자 있는 것을 즐기는 타입. 다른 사람과 있는 것이 불편하다.

① **열린 자아(open-self, 나도 알고 남도 아는 나 그리고 정보)**

- 겉으로 드러나는 정보로 나와 타인이 모두 아는 영역을 의미한다. 성명, 성별, 나이 등의 정보를 의미하며 이 영역이 넓으면 인간관계가 원만하고 자기주장이나 표현을 잘하면서 상대방의 말도 잘 경청하며 호감을 주어 빨리 친해진다.

② **눈먼 자아(blind-self, 내가 모르는 나 & 정보)**

- 타인은 아는 걸 나만 모르는 경우다. 나에게는 보이지 않지만, 타인의 눈에 쉽게 띄는 행동 방식, 언어 습관 등을 의미한다. 이 영역이 넓다면 타인의 말을 경청하지 않아 자신이 모르는 것일 수 있다. 타인의 말에 귀를 기울이지 않기에 독단적으로 보일 수 있다.

③ **숨겨진 자아(hidden-self, 나는 아는데 남이 모르는 나 그리고 정보)**

- 타인은 모르고 나만 아는 정보이다. 단점, 비밀, 욕망 등 남에게 알리고 싶지 않은 내적인 특성을 의미한다. 이 영역이 넓다면 상대방의 말을 잘 경청하며 속이 깊고 신중하지만, 속내를 드러내지 않는다. 계산적이고 실리적이라 타인과의 관계에서 갈등이 빚어질 가능성이 있다.

④ **모르는 자아(unknown-self, 나도 모르고 남도 모르는 나 그리고 정보)**

- 나와 타인 모두 모르는 영역으로 무의식의 영역을 의미한다. 이 영역이 넓다면 마음의 상처가 큰 사람일 수 있다. 인간관계에 소홀하고 혼자 있는 것을 즐기는 타입. 다른 사람과 있는 것이 불편하다. 겉으로 드러나는 갈등은 보이지 않지만, 잠재적으로 가장 큰 갈등을 유발할 수 있는 유형이다.

리더십 강의하며 만난 리더 대부분은 <열린 자아> 창의 크기가 가장 컸다. 자기주장을 잘 펼치며 상대의 말을 잘 경청하고 인간관계가 원만해 빨리 친해지는 특성은 리더십을 더 쉽게 발휘하게 한다.

그러나 그것만이 정답은 아니다. <숨겨진 자아>와 <열린 자아>의 크기가 비슷한 사람도 있다. 이들은 타인에게 자신을 많이 오픈하지 않는다. 리더십은 자기 성향에 따라 다르게 발휘할 수 있다. 관계적인 측면으로 접근하기도 하지만, 회사에서는 조직의 구조적인 측면 즉 계층적인 측면으로도 접근할 수 있다. 이들은 아마 팔로워가 더 어려워하는 리더일 수 있으며 카리스마적 리더십에 가까울 수 있다.

그러나 <눈먼 자아>나 <모르는 자아>의 창이 더 크다면 당신은 타인에게도 내게도 너무 무관심하다. <눈먼 자아>의 창이 크다면 나의 말이나 행동에 따른 타인의 반응에 둔감한 편이다. 또한 <모르는 자아> 창이 크다면 타인뿐 아니라 나의 마음도 잘 모를 수 있다.

<조해리의 창> 이론에 따르면 네 자아의 크기는 사람마다 다르며, MBTI 유형과 마찬가지로 나이가 들면서 네 영역의 크기는 달라질 수 있다. 진단지의 결과는 당신이 틀렸다는 의미가 아니다. 다만, 나의 성향을 알아차리고 그것을 받아들일 수 있게 된다. 나에 대한 알아차림은 앞으로 나의 현재 성향을 '보완할 것인가?' 아니면 '그대로 유지할 것인가?'에 관해 고민하는 과정을 선택하게 한다.

<조해리의 창> 해석

이 책에서 MBTI 유형별 <조해리의 창> 진단지의 해석은 다음과 같이 진행한다. 주기능에 초점을 맞추지만 부기능의 특성을 함께 고려해 가상의 <조해리의 창> 진단 결과를 적었다. 유형별로 '자기 오픈'이 어느 정도인지, 타인의 말을 잘 경청하는지, 타인의 언행에 따른 민감도가 어느 정도인지, 내 감정에 민감한지 등 다양한 특성을 고려해 네 개의 창 크기를 조절했다. 이는 지금까지 강의로 누적된 데이터를 기반으로 하지만, 논문처럼 객관적인 분석을 통한 것이 아닌 경험에 따른 데이터에 가까우므로 자기 특성을 이해하는 데 참고하길 바란다.

이 책에 <조해리의 창> 진단지를 넣는 것은 나와 타인에 대한 이해도를 높이기 위함이다. 내가 타인에게 얼마나 나를 오픈하는지, 나는 나에 관해서 얼마나 관심이 있는지, 그것이 타인과 나에게 어떠한 영향을 미치는지 알아차리는 과정은 성격의 성숙을 위해 필요한 과정이니 말이다. 이런 필자의 의도는 각 유형의 리더십과 팔로워십의 에피소드에도 적절히 반영하고자 노력했으니 에피소드를 심도 있게 읽으며 MBTI 특성, 리더십 그리고 조해리의 창을 함께 살펴주길 바란다. 마지막으로 <체크 리스트>와 <정리파일>에서 생각을 정리하며 나의 성숙을 위한 한 발작을 더 내딛길 기대한다.

리더십 &
팔로워십의 정의

리더와
조직문화

▶
▶
▶

처음부터 리더인 사람은 없다

우리는 사회에 나오기 전부터 리더와 팔로워를 경험한다. 작게는 학교에서 발표를 위한 모둠 활동과 반의 일을 맡는 반장 그리고 전교 회장 등이 있다. 대학에 가면 과 대표부터 총학생회장까지 명칭과 업무는 더 다양해지고 성인이 되면 취업을 통해 조직에 팔로워나 리더로 입문한다. 이렇듯 누구나 팔로워의 경험을 가지고 리더가 된다.

우리가 흔히 리더라고 부르는 그들은 실은 '중간 관리자'에 속하며 리더이며 동시에 그들의 또 다른 리더에게는 팔로워이기도 하다. 필자는 3년의 팔로워 기간을 보내고 15명의 사원(팔로워)을 맡는 실장을 시작으로 신입사원을 교육하는 교육실장을 거쳤다. 그리고 100여 명을 관리하는 센터장을 거쳐 700여 명의 급여 및 복리후생을 담당하는 운영지원총괄을 역임했다.

　　10여 년의 시간 동안 면접, 운영, 지원업무를 경험하며 많은 팔로워와 리더를 만났으며 자회사 성격의 인소싱(insourcing) 회사와 외부 용역 성격의 아웃소싱(outsourcing) 회사를 모두 경험했다. 이러한 다양한 직무의 경험을 리더와 팔로워의 에피소드에 녹일 수 있었다. MBTI 성격유형, 리더십과 팔로워십 유형, <조해리의 창> 진단지를 가미한 에피소드를 고르는 일은 여간 어려운 일이 아니었다. 여기서 소개한 에피소드는 해당 성격유형의 특성에 관한 이해를 돕고자 기재한 것으로 고정관념의 틀이 되지 않기를 바라는 마음이다. 그러니 하나의 예시로 참고만 하자!

TIP

＊ 인소싱(insourcing)

기업이나 조직의 서비스와 기능을 조직 안에서 총괄적으로 제공, 조달하는 방식으로 조직의 계통과 체계를 통해 서비스와 기능을 직접 전달하는 경제활동 방식을 의미한다.

＊ 아웃소싱(outsourcing)

외주, 외부 용역을 의미하며 기업이나 조직에서 생산, 유통, 용역 등 업무의 일부 과정을 경영 효율의 극대화를 위해 외부의 제삼자에게 위탁해 처리하는 경제활동 방식을 의미한다.

리더와 조직문화

리더란, 어떤 조직이나 단체에서 목표 달성이나 방향을 이끄는 중심적인 위치에 있는 사람을 의미하며 보통 구성원에 관한 결정에 책임을 진다. 이런 이유로 리더는 조직 내에서 팔로워를 자기 뜻대로 움직일 수 있는 크고 작은 힘(power)을 가진다.

리더는 보통 조직문화에 따라 리더십을 발휘하는데, 조직문화(Organization Culture)란 조직 구성원들로 하여금 다양한 상황에 대한 해석과 행위를 불러일으키는 조직 내에 공유된 정신적인 가치를 의미한다.

필자가 경험한 두 회사를 예를 들어보겠다.

두 회사 모두 같은 제품을 다루는 회사였지만, 조직문화가 매우 달랐다. 한 회사는 '우리 회사가 최고'라는 신념을 가지고 사원들의 창의적인 문제해결을 유도하며 이를 다음 사업에 반영하는 것에 긍정적이었다. 조직문화는 매우 밝고 자기 주체적인 느낌이 강했다. 반면 다른 회사는 '적당함을 추구'하는 조직이었다. 이 회사는 문제해결을 위한 프로세스가 복잡하고 효율적이지 않은 경향이 있었으며 실적에 관해서 임원진은 '이 정도면 적당하다'라는 의견이었다. 조직이 경직된 느낌이 있어 무엇을 하든 수동적인 느낌이었다. 같은 제품을 판매하지만 두 회사의 조직문화는 전혀 달랐다. 필자는 ENFP로 창의성을 요구하는 첫 번째 회사는 적성에 맞았지만, 리더의 의견을 무조건 수용해야 하는 두 번째 회사는 적응이 어려웠다.

리더십 이전에 조직문화를 먼저 언급하는 이유는 이 책에서는 순수하게 개인 성향만으로 리더십과 팔로워십을 다루어 조직의 영향은 배제했기 때문이다. 실제로 많은 연구에서 구성원의 조직몰입과 조직시민행동에 조직문화가 영향을 준다는 결과를 볼 수 있다. 이것은 연구로 살펴보지 않아도 직장생활을 경험한 사람이라면 공감할 것이다. 회사가 내게 어떤 유형의 인재상을 요구하는가에 사원 한 명씩의 언행이 달라지고 그것이 곧 조직문화가 되기 때문이다.

그래서 우리는 직업을 고르기 위해 적성검사를 한다. 조직에서 선호하는 재능과 성향이 분명히 존재하며, 그 성향이 내게 존재하는지 점검하기 위함이다. 혹시라도 에피소드가 내가 다니는 직장의 조직문화와 맞지 않다면 특성에 'Tip'이나 '리더와 팔로워를 위한 조언'을 살피며 내게 맞게 응용하자!

리더십이란

리더십이란, 리더(지도자)가 갖춰야 할 정신, 자세, 덕목, 자질 등을 포함해 일컫는 말이다. 리더십의 정의는 개인의 특성, 구성원에 대한 영향력, 역할관계, 상호작용 과정, 조직문화 등에 따라 매우 다양하다.

리더십에 관한 학자별 정의를 살펴보면 Fleishman(1973)은 리더십은 목표 달성을 위해 의사소통으로 개인 간에 영향력을 행사하려는 의도라고 정의했다. Bass(1990)는 집단과정의 초점으로 성격, 복종을 끌어내는 기술, 설득 형태, 차별화된 역할, 권력자 관계 등 이들 정의의 결합으로 인지된 것이 리더십이라고 했다. 이러한 내용을 정리하면, 리더십은 '사람 간의 상호작용 과정에서 형성되는 것으로 조직의 목표에 도달하기 위해 열성적이고 자발적으로 노력하는 데 영향을 미치는 과정 혹은 기술'로 정의할 수 있다. 이러한 리더는 '일선 관리자', '중간 관리자', '최고 경영층'의 어느 경영계층에 속하느냐에 따라 업무에 필요한 경영기술이 달라지는데 <그림 2>는 전략적 윤리적 인사관리를 개별적, 인간적, 기술적 세 항목으로 나누어 표현한 것이다(이진규, 2001).

✱ **경영자의 업무기술** 그림 2

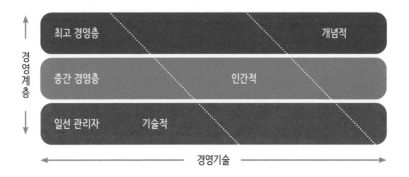

필자도 처음 실장을 맡았을 때는 업무적인 기술이 업무의 반 이상을 차지했으며, 이직이 발생하지 않게 팀원을 다독이는 역할이 다음으로 큰 비중을 차지했다. 센터장이 되면서 기술적인 측면보다는 비용이나 센터의 연간계획 등 개념적인 업무가 늘어났다. 마지막으로 최고 경영층에게 팔로워십을 발휘하던 운영지원 총괄 업무에서는 센터의 운영이나 지원에 관한 기획보고서를 쓰는데 시간 대부분을 할애해야 했다.

리더십은 경영학에서 가장 빈번하게 다루는 논문 주제 중 하나로 지금까지 많은 리더십 용어가 정의되었다. House(1979)는 '지시적 리더십', '성취지향적 리더십', '지원적 리더십', '참여적 리더십' 용어를 사용했으며, 이후에 Bass(1987)의 연구에서 '변혁적 리더십', '거래적 리더십' 용어를 사용해 이후 연구에 많은 영향을 주었다. 2000년대에 들어서면서 성장이나 목표가 중심이었던 '카리스마적 리더십'이 아닌 리더의 감성지능이 리더십에 중요한 요소로 인식되면서 '감성 리더십'이라는 용어를 사용하기 시작했다(Goleman et al. 2002).

변혁적 리더십

1980년대에 Burns가 제시한 개념에 기초해 Bass는 리더십을 '변혁적 리더십'과 '거래적 리더십'으로 구분했다.

먼저 변혁적 리더십(Transformational leadership) 이론을 살펴보면 <그림 3>과 같다. 변혁적 리더십은 새로운 형태의 리더십으로 조직원에게 새로운 비전을 제시하고 고차원적인 욕구를 자극해 조직의 공식적인 역할을 초월하는 '기대 이상의 성과'를 가져오게 동기화하는 리더십을 의미한다. Bass는 연구에서 변혁적 리더십의 구성 요인으로 '카리스마', '개인적 배려', '지적자극'을 언급했다. 각각의 내용을 살펴보면 다음과 같다.

카리스마(Charisma)는 관습이나 합리적인 체계가 아닌 비범하고 초인적인 존재의 개인적 매력에 기인해 정당성을 획득하는 권위의 형태를 의미한다. Bass는 카리스마를 직무에 열중하게 만드는 사람, 충성심을 불어넣는 사람, 팔로워로부터 존경받는 사람, 조직에 중요한 요소를 파악하는 재능이 있는 사람, 사명감을 가지는 사람 등으로 정의했다. 이러한 카리스마적 리더는 비범한 재능을 보유하며, 위기

✳ 변혁적 리더십 모델 그림3

상황에서 합리적인 해결책을 제시할 수 있고, 팔로워에게 초월적인 능력(transcendent power)을 지닌 것으로 믿게 하며, 지속적 성공으로 능력을 보여줄 수 있는 것을 의미한다.

개인적 배려(Individualized consideration)는 팔로워와 리더의 직접적인 접촉, 양방향의 의사소통을 강조하는 것으로 팔로워의 자아상을 확립시켜 조직 목표에 관한 욕구를 고양시키고 의사결정에 따르는 결과에 책임 의식을 갖게 한다.

지적 자극(Intellectual stimulation)은 문제에 대한 인식을 달리해 해결방안을 새로운 방법으로 각성시킨다. Bass는 지적인 영역에서 변혁적 리더와 거래적 리더의 체계적 차이점이 있다고 주장했다. 변혁적 리더는 더 새로운 방법과 변화를 모색하고 위험이 큰 기회도 최대한 이용하려는 경향이 있다. 이에 반해 거래적 리더는 지적인 영역에서 반응적이고 보수적인 성향을 보인다는 점이다.

거래적 리더십

거래적 리더십은 리더와 부하 간의 교환관계에 있어 기본으로 어떤 것을 교환할 목적으로 접근할 때 발생하는 리더십으로 자세한 내용을 살펴보면 <그림 4>와 같다. Bass는 연구에서 거래적 리더십의 구성 요인으로 '상황적 보상', '예외적 관리'를 제시했다. 각각의 내용을 살펴보면 다음과 같다.

상황적 보상(contingent reward)은 팔로워가 보상받기 위해 무엇을 해야 하고, 처벌을 피하기 위해 무엇을 해야 하는지를 리더와 협상하는 합의점을 의미한다. 리더와 팔로워는 조직 목표를 위한 역할과 책임을 수용하며, 상황적 보상은 팔로워의 동기부여를 강화한다.

예외적 관리(management by exception)는 팔로워가 부적응적이거나 부족한 행동을 보이는 경우에만 리더가 개입하는 것을 의미한다. 조직의 목표에 도달하지 못한 경우 피드백하는 것을 말하며 이때 리더는 상황적 보상을 팔로워에게 제시할 수 있다.

＊ **거래적 리더십 모델** 그림 4

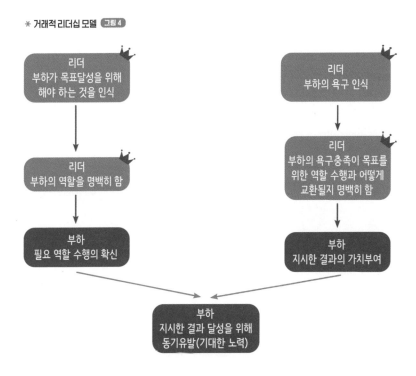

감성 리더십

감성 리더십은 기존의 카리스마적 리더십에서 부족한 감성과 커뮤니케이션에 집중한 리더십으로 리더의 이성적 측면보다 감성적 측면의 영향력을 더 중요하게 여기는 감성지능의 인기로 나타났다.

미국에서 성공한 기업의 CEO 50명의 지도자 자질을 분석한 결과 공통적인 15개의 지적, 기술적, 감성적 측면이 확인되었다(Neff, Citrin & Brown, 1999). 지적, 기술적 측면의 자질은 지적 능력, 명료한 사고, 폭넓은 사업 지식 이렇게 3개뿐이었다. 나머지 12개는 모두 감성적 측면의 자질로 열정, 커뮤니케이션 기술, 동기부여, 성실성, 자만심의 견제, 경험의 적절한 활용, 긍정적 태도, 올바른 일을 바르게 처리하려는 의지 등으로 나타났다. 이후에 감성적 측면에 관한 '감성 리더십'의 연구가 활발히 이루어졌다.

Goleman et al.(2002)는 감성 리더십(Primal Leadership)이란 리더가 자기 감정을 정확하게 이해하고 다스리며, 구성원의 감성을 배려하고 조절해 긍정적인 상호관계를 형성하는 것이라고 정의했다.

MBTI 유형별 리더십 유형

각 리더십에 따라 정의가 다르고 특성이 있으나 그 항목에 제한해 MBTI 유형을 접목하는 것은 한계가 있었다. 변혁적 리더십의 구성

요인은 '카리스마', '개인적 배려', '지적자극'이고, 거래적 리더십의 구성요인은 '상황적 보상', '예외적 관리'이다. 각 구성요인에 MBTI 유형의 특성으로 세부요소를 선택할 수 있을 것 같았다.

그러나 변혁적 리더십의 용어 자체가 가지는 의미가 거래적 리더십보다 조직 내에 새로운 비전을 제시하고 '기대 이상의 성과'를 가져오도록 동기화한다는 긍정적인 의미를 내포하고 있으며, 거래적 리더십은 변화나 혁신보다는 기존의 전통적인 리더십이라는 의미가 강하다. 또한, 감성 리더십은 기존의 카리스마적 리더십에서 부족한 감성과 커뮤니케이션에 집중한 리더십이다. 리더의 이성적 측면보다 감성적 측면의 영향력을 더 중요하게 여기는 감성지능의 유행으로 나타났다. MBTI 유형에는 이미 이성과 감성을 의미하는 'T'와 'F'가 있어 감성 리더십을 중심으로 세부요소를 평가하는 것은 감정F에 치우친 도서가 될 우려가 있었다.

이처럼 기존의 리더십은 자체적인 개념이 있어 MBTI 유형을 접목하는 것은 무리가 있다고 판단해 리더십과 팔로워십을 명명하지 않고 하위요소만으로 측정하는 연구가 필요했다. 다양한 연구 중 Blake & Mouton(1964)은 사람에 대한 관찰과 반응이 일어나는 '인간관심도'와 철저하게 조직 목표에 집중하는 '과업관심도' 두 개의 축을 중심으로 '인간형', '팀형', '무관심형', '과업형'으로 분류해 리더십을 설명했다. 즉, 조직 내에서 리더가 인간관계를 어떤 방식으로 접근하는지와 조직의 목표인 과업을 어떻게 해결하는지를 '인간관심도'와 '과업관심도' 두 개의 축으로 보이는 것이다.

Blake & Mouton의 리더십 유형을 그림으로 요약해서 나타내면 <그림 5>와 같으며, 각 구성요인의 세부적인 개념 정의를 살펴보면 다음과 같다.

① **팀형** : 업무에 관한 의지가 높아 구성원이 조직 목표를 달성하므로 공통의 이익 창출이 생겨 신뢰와 존경 관계가 생긴다.

② **인간형** : 인간관계를 잘 유지해 나가기 위해 팔로워의 요구에 주의를 기울여 즐 거운 분위기를 형성하며 업무도 잘 이루어진다.

③ **무관심형** : 맡은 바 임무를 최소한으로 하지만 적어도 구성원의 자격을 유지할 수는 있다.

④ **과업형** : 일의 능률을 올리는데 인간적 요소에 의해 간섭이 일어나지 않도록 작업조건을 갖추어야 한다.

'인간관심도'와 '과업관심도' 두 개의 축을 기준으로 MBTI 특성을 리더십으로 형태화한다면 독자 자신의 리더십 스타일을 이해하는 데 도움이 될 것으로 판단했다. 각 구성요소를 화살표 길이로 표현하는 것은 한계가 있어 가시적인 이해를 높이기 위해 그래프로 변형했다. 이 책에서 보일 리더십 유형을 나타낸 이미지는 <그림 6>과 같다.

＊ MBTI 리더십 유형 그림6

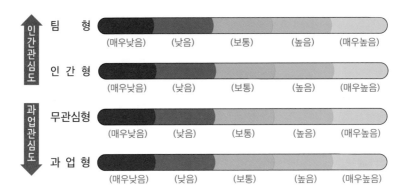

네 개의 항목을 MBTI 유형에 따라 어느 항목이 높고 낮은지를 이미지로 표시해 리더십 유형을 한눈에 보이게 했다. 각 항목을 매우낮음, 낮음, 보통, 높음, 매우높음의 수준 중 체크하고 시각적으로 보여줌으로써 자기 리더십에 관한 이해를 높이고자 한다. 이는 앞서 주기능을 나타낼 때와 마찬가지로 텍스트가 아닌 그림으로 표현함으로써 독자의 이해를 높이기 위함이다.

팔로워십이란

우리가 흔히 '팔로워'로 많이 사용하는 이 단어는 실은 '폴로(follow)', '폴로어(follower)', '폴로어십(followership)'이 표준어이다. 그러나 검색창에 폴로를 치면, 특정 브랜드가 나오는 것처럼 대중이 '팔로우'를 더 많이 사용하기 때문에 이 책에서는 '팔로워(follower)', '팔로워십(followership)'으로 표현하고자 한다.

리더십만큼 중요한 팔로워십

팔로워는 조직에서 리더와 공동의 목표를 향해 가는 협조자를 의미하며, 리더를 따르는 능력을 포함한 팀원 간의 상호작용과 지도력을 인정하고 수용하는 능력을 의미한다. 조직의 인원 구성은 70% 이상이 팔로워(통계청, 2022)이며 조직 대부분을 차지한다. 또한, 리더 대부분이 팔로워의 역할 또한 겸하고 있어서 팔로워십은 리더십만큼 중요하다 할 수 있겠다.

중간 관리자는 임원진을 보좌하면서(팔로워) 아래로는 팀원을 관리하는(리더십) 것이 주 업무다. 이 책에서는 조직문화의 특성은 배제하고 논하기 때문에 리더십이나 팔로워십에 개인의 성향이나 성격이 얼마나 영향을 미치는지를 말하려고 한다.

팔로워십은 리더를 따르는 능력을 포함한 팀원 간의 상호작용과 지도력을 인정하고 수용하는 능력을 의미한다. 학자별 정의를 살펴보면 Kelly(1988)는 바람직한 팔로워에 관해 '나무와 숲을 동시에 보는 통찰력과 타인과 잘 융화하는 사회적 역량을 지녀 지위와 무관하게 조직의 목표를 위해 적극적으로 참여하려는 의지가 있는 사람'이라고 정의했다. Kelly는 또한 팔로워십을 리더십의 하위개념이 아닌 독립요소로 연구해야 한다고 강조했다.

Kelly의 연구에서 팔로워십의 구성요인을 '소외형', '모범형', '수동형', '순응형', '실무형'의 5가지 유형으로 나누었다. 이 책에서는 조직문화나 조직의 상황에 영향을 많이 받는 '실무형'을 제외하고 나머지 4가지 유형으로 팔로워를 정의하고자 한다. 즉 세로의 '적극적'인 정도를 체크하는 축과 '독립적이며 비판적 사고'를 가졌는지를 체크하는 축 이렇게 두 축으로 팔로워의 성향을 분류한다(변계영, 2011).

팔로워의 개념을 이미지로 표현하면 <그림 7>과 같으며, 각 구성 요인의 세부적인 개념 정의를 살펴보면 다음과 같다.

① **모범형** : 독립/비판적 사고와 능동/적극적 참여가 둘 다 높은 팔로워로 독립성 이 강하고 리더에게 주저 없이 의견을 제시하는 유형이다. 주인의식을 가지고 팀과 리더를 도우며 주어진 일보다 더 많은 업무를 해결한다.

② **순응형** : 독립/비판적 사고가 낮고 능동/적극성이 높은 팔로워로 소외형의 반 대 개념이다. 긍정적이지만 리더의 의존도가 높으며 순종적이다.

③ **수동형** : 자신이 팔로워라는 자체를 싫어하고 방관하는 유형이다. 노력하지 않 아 리더의 기대에 부응하기 어려우며 리더가 업무수행을 위해 위협을 가하게 되면 수동형 팔로워가 많이 생길 수 있어 주의가 필요하다.

④ **소외형** : 독립/비판적 사고는 높지만, 능동/적극적 참여가 낮은 팔로워로 순응 형과 반대의 개념이다. 이들은 리더의 노력을 비판하고 인정하지 않으 면서도 침묵으로 일관하는 유형이다. 자신이 부당한 대우를 받은 희생 자라고 생각해 사표를 던지기도 한다.

‘적극적’과 ‘독립적/비판적 사고’ 두 개의 축을 기준으로 MBTI 특성을 팔로워십으로 형태화한다면 독자 자신의 팔로워십 스타일을 이해하는 데 도움이 될 것으로 판단했다. 각 구성요소를 화살표 길이로 표현하는 것은 한계가 있어 가시적인 이해를 높이기 위해 그래프로 변형했다. 이 책에서 그려질 팔로워십 유형은 <그림 8>과 같다. 네 개의 항목을 MBTI 유형에 따라 어느 항목이 높고 낮은지를 이미지로 표시해 팔로워십 유형을 한눈에 보이게 했다. 각 항목을 매우낮음, 낮음, 보통, 높음, 매우높음 중 체크하고 시각적으로 보여줌으로써 리더십과 마찬가지로 자기 팔로워십에 관한 이해를 높이고자 한다.

* MBTI 팔로워십 유형 〔그림 8〕

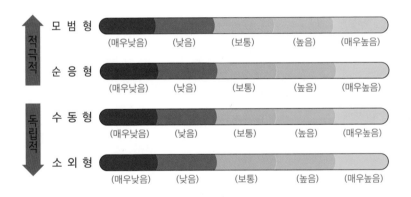

PART

3

MBTI 유형별
리더십 & 팔로워십

ESTP

논리적인 행동러

♥ ESTP 의사소통 스타일

감각적인

활발한

논리적인

상대 말을
분석하는

실용적인
정보에 집중

격식을
차리지 않는

합리적인

재미있는

⊙ ESTP '조해리의 창'

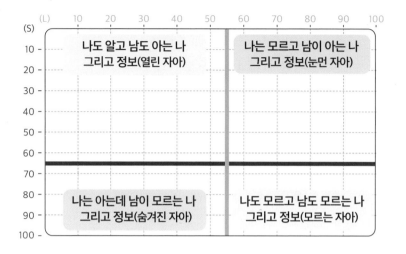

인간관계가 원만하고 자기표현을 잘하는 ESTP는 나도 알고 남도 아는 나 그리고 정보(열린 자아)는 클 수 있다. 타인의 말에 경청은 힘들지만 분석하는 이중성을 가진다. 이런 이유로 나는 모르고 남이 아는 나 그리고 정보(눈먼 자아)는 크기가 작을 수 있다. ESTP는 활발하면서도 나를 완전히 오픈하지 않기 때문에 나는 아는데 남이 모르는 나 그리고 정보(숨겨진 자아)도 작지 않을 것이다. 이에 S는 65점, L은 55점으로 기재해 S 점수 '자기노출'이 L 점수 '피드백'보다 높을 수 있으니 참고하자!

❤ <조해리의 창> 결과는 MBTI 특성에 따른 예측치이므로 참고하자!

♥ ESTP 유형 특징

> 도전과 경험을 즐기며
> 논리적이며 실용적이고
> 재미있고 활기차다

ESTP는 실용적이며 활발하고 융통성 있다. 논리적이지만 생각보다 행동이 빠른 이들은 빠르게 변화하는 일에 능숙하다. 소방관, 경찰관 등의 직업을 가지며, 취미로 캠핑을 즐기는 성향이 있는 것은 이런 특성 때문이다. 논리적이지만 타인의 의견도 수용하는 오픈 마인드를 가졌다. 날카로운 관찰력과 기억력으로 현실적인 문제해결을 시도하는 ESTP는 조직에서 새로운 사람과도 쉽게 친해지지만, 조직의 규칙이나 규율을 싫어하는 경향이 있다. 시간 관리에 어려움을 느껴 업무의 마감 시간을 맞추는 것을 힘들어한다. 업무에 있어 타인에게 미칠 영향이나 장기적인 결과, 추상적인 대안에 있어서 어려움을 느낀다.

> ♥ 좋고 나쁜 성격은 없다. 이 설명은 해당 유형의 특징이며, 장단점을 의미하는 것이 아님을 참고하자!

ⓥ ESTP 주기능과 부기능

 주기능

ESTP의 주기능은 감각S으로 에너지를 자기 외부(e)로 사용한다. 행동 지향적으로 문제를 빠르게 해결하고자 한다. 실용적이며 흥미로운 주제에 집중하고, 초점이 현재에 있으며 과거의 경험에 의한 데이터를 중시한다.

 부기능

ESTP 주기능의 단점을 보완하기 위해 사고T를 내면(i)으로 사용하는 것이 부기능이다. 감정을 배제하고 객관적으로 분석해 마음을 차분히 하고 문제를 논리적으로 검토해 사고의 확장이 가능하게 한다. 상대의 말을 분석한다.

TIP

주기능이 S이고 부기능이 T인 ESTP는 밝고 활발하며, 타인의 말을 분석하는 정교함을 지닌다. 그러나 집중력이 길지 못해 타인의 말이 길어지면 경청이 힘들어지고 타인의 감정에 무감각할 수 있어 주의가 필요하다.

♥ ESTP 리더십 유형

활기차며 재미있어 즐거운 분위기를 연출하는 ESTP는 업무에 관한
의지가 높아 구성원이 조직 목표를 달성하므로 신뢰와 존경 관계가
생기는 팀형은 '높음'으로 체크했다. 시간 관리를 어려워하고, 사람에
관한 세심함이 부족한 것을 반영했다. 인간관계를 유지하기 위해 즐
거운 분위기를 형성하며 업무도 잘하는 인간형은 '높음'으로 표시했
다. 맡은바 최소한으로 하는 무관심형은 '낮음'으로 체크하고, 일의
능률을 올리는데 인간적 요소에 의해 간섭이 일어나지 않게 작업조
건을 갖추는 과업형은 '높음'으로 체크했다.

✳ 리더십 유형 **ESTP**

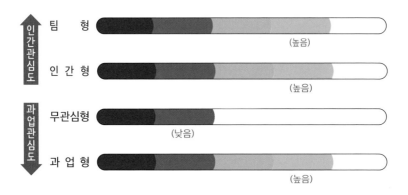

ESTP는 인간관심도와 과업관심도가 비슷하다. 세밀한 업무를 챙기려
고 노력한다면 팀형 리더십이 '매우높음'으로 상승할 것이니 참고하자!

에피소드

ESTP는 규칙이나 규율에 얽매이지 않는 자유로운 직업을 선택하고 싶어 유튜버 회사를 설립했다. 내가 차린 회사이고 내가 리더이니 내 맘대로 할 수 있었지만, 반대로 나의 부족함을 채울 무언가가 필요했다. 오늘은 팀원들과 오전 회의가 있는 날이다.

> **ESTP** 좋은 아침입니다! 부팀장님!
>
> **부팀장** 대표님, 안녕하세요! 오전 회의라 간식을 좀 챙겨왔어요.

ESTP는 세밀함과 팀원의 정서 관리를 위해 자신과 반대의 성향을 가진 부팀장을 채용했다. 부팀장은 ESTP가 시키지 않은 세밀한 부분까지 팀원들을 잘 챙기며 ESTP가 잊을법한 일들을 챙겨주었다. 덕분에 샌드위치와 모닝커피를 한 잔씩 하고 회의에 들어갔다.

> **ESTP** 지난번 A 회사 유튜브 영상 완성되었으면 한번 볼까요?
>
> **A 사원** 네! A 회사의 광고 영상입니다. 야외 촬영인 A 버전과 실내 촬영인 B 버전으로 진행했어요. 먼저 A 버전입니다.

영상은 모두 좋았으나, 야외 촬영 중 한 장면이 재촬영이 필요했다. 촬영한 장소가 거리가 멀어 A 사원이 망설이자 ESTP가 말했다.

| ESTP | 지금 촬영한 장소와 비슷한 장소가 근처에 있는데, 제가 지난번에 찍어둔 영상이 있어요. 한번 볼까요? |

ESTP 지금 촬영한 장소와 비슷한 장소가 근처에 있는데, 제가 지난번에 찍어둔 영상이 있어요. 한번 볼까요?

부팀장 정말 느낌이 비슷하네요. 여기서 재촬영해도 괜찮겠어요.

ESTP 그럼 오늘 바로 진행할까요? 일정 괜찮아요?

A 사원 네! 오늘은 A 회사 마무리 건으로 비워두었습니다.

ESTP 그럼 함께 나가시죠. 부팀장님은 재촬영분을 제외하고 나머지 영상 마무리 부탁드립니다.

부팀장 그럼 저와 B 사원은 실내 촬영 버전 영상을 마무리하겠습니다.

실용적인 융통성과 행동력이 뛰어난 ESTP는 회사에 문제가 생기면 바로바로 해결방안을 내놓았다. 바로 처리하는 것은 속도에 있어서는 좋았으나, 꼼꼼해야 하는 일들이 종종 있었다. 성격은 바꾸기 힘든지라 아무리 꼼꼼해지려고 노력해도 한계가 있었다. 특히 시간을 맞추는 일은 너무 힘든 일이었다. 이런 부분을 부팀장이 채워주니 일하기가 훨씬 수월했다.

리더는 모든 일을 혼자 하는 사람이 아니다. 업무 배분을 적재적소에 잘하는 리더가 유능한 리더이다. 누구나 완벽할 수 없다. 문제는 부족한 점을 어떻게 채우느냐 하는 것이다. 채우는 방법은 여러 가지가 있다. 내가 부족한 면은 타인을 통해 채우고 나는 타인보다 더 잘하는 것을 한다. 리더십의 성장은 나를 변화시키는 방법도 있으나, 팔로워를 활용하는 방안도 있는 것을 기억하자!

♥ **ESTP 팔로워십 유형**

ESTP는 조직 내에서 융화되고 조화로운 인간관계를 유지하지만, 규율이나 규칙을 싫어한다. 이 때문에 리더를 어려워하지 않고 서슴지 않고 자기 의견을 내보인다는 점에서 독립/비판적 사고와 능동적인 팔로워인 모범형은 '높음'으로 체크했다. 그렇지만, 리더에게 의존적이지는 않지만, 능동적인 면이 있어 순응형은 '보통'으로 체크했다. 반면 업무수행을 위한 위협을 가하는 경우 업무를 방관하거나 삐뚤어질 수 있어 수동형도 '보통'으로 체크했다. 독립적인 사고는 높지만, 참여가 낮은 소외형도 '보통'으로 체크했다.

★ **팔로워십 유형** `ESTP`

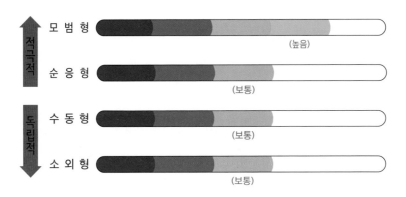

적극적	모 범 형	(높음)
	순 응 형	(보통)
독립적	수 동 형	(보통)
	소 외 형	(보통)

♥ ESTP 팔로워에게 업무 지시는 구체적인 것이 좋다. 추상적, 감정적 단어는 배제하며 미래에 관한 비전보다 실리적인 이익을 제시하면 좋다.

에피소드

윤 과장은 팀원의 업무 배분을 고심 중이다. ESTP는 활발해 분위기를 밝게 이끌어주는 매력이 있었다. 반면, 업무처리 과정에서 기한을 놓친다든지, 세부사항 한두 개가 빠지는 실수가 있었다. 그래도 경력이 쌓이며 기한은 어느 정도 맞추게 되었는데, 세부사항을 빠뜨리는 것은 여전했다. 그렇다고 ESTP를 다른 업무로 뺄 수도 없었다. 고심 끝에 윤 과장은 체크 리스트를 작성한다.

<체크 리스트>
1. A를 작성하고 B와의 인과관계를 체크했다.
2. 일정표를 모두 작성하고 운영팀에 시간표를 공유했다.
3. 일정표 운영에 무리가 없는지 운영팀에 확인 후 답변받았다.
4. 답변받은 사항을 운영팀 팀장 사인을 받은 보고서를 받았다.
5. 최종 내용을 모두 총합해 과장님께 제출한다.

윤 과장은 체크리스트를 A4 한 장에 작성해서 출력 후 ESTP를 불렀다. 윤 과장이 부드러운 음성으로 말한다.

윤 과장 ESTP 덕분에 팀 분위기가 밝아졌어요.
ESTP (쑥스러워하며) 에이~ 아니에요.
윤 과장 팀원들이 ESTP가 재밌다며 좋아해요. 앞으로도 잘 부탁해요.

ESTP 네! 그렇다면 열심히 노력해볼게요.

윤 과장 하하하! 그래요. 그리고 보고서 제게 주실 때 힘드시죠?

ESTP 제가 잘 챙겨야 하는데 아직 업무가 익숙하지 않나 봐요. 자꾸 실수해서 죄송해요.

윤 과장 죄송은요. 처음부터 잘하는 사람이 어딨겠어요. 타 부서와 연계된 업무다 보니, 이것저것 확인할 게 많아요. 복잡하죠?

ESTP 네! 좀 정신없긴 해요.

윤 과장 그럴 거예요. 그래서 <체크 리스트>로 간단하게 정리해 봤어요. 이렇게 정리하면 또 굉장히 심플하거든요. 앞으로 보고서 맨 앞장은 이걸로 넣어주세요. 체크리스트에 체크하고 제출해주세요.

ESTP 아~ 이렇게 하면 누락되는 업무가 없을 거 같아요. 잘 활용할게요. 감사합니다.

이후에 ESTP는 보고서 맨 앞에 <체크 리스트>를 붙여서 제출했으며, 누락되는 업무는 없었다.

ESTP 팔로워에게는 구체적으로 업무를 전달하는 것이 좋다. 모범형인 이들은 구체적인 업무를 충분히 소화할 수 있는 능력이 있다. 그러나 의식의 초점이 현재에 있어 세부사항을 체크하는 것을 보완하기란 쉽지 않다. 이런 경우에 매뉴얼이나 프로세스를 적용해 업무에 차질이 없도록 적용하는 것을 추천한다. 또한, 이들의 가장 좋은 점인 쾌활하며 활동적이라는 점을 고려해 업무를 배분한다면 시너지 효과를 낼 것이다.

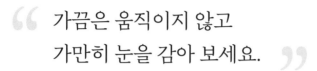 ESTP 리더와 팔로워를 위한 조언

" 가끔은 움직이지 않고
가만히 눈을 감아 보세요. "

부기능인 T(i)를 개발하기 위해 '하루를 정리하는 시간을 갖자!', '동료의 말을 경청하자!', '행동하기 전에 생각하자!' 등 ESTP에겐 쉽지 않은 요구사항을 듣는다. 그냥 가끔은 가만히 눈을 감아 보자!

다양한 생각이 떠오를 수도 있고,
아무 생각이 들지 않을 수 있고,
갑자기 배가 고파져 먹고 싶은 음식이 생각날 수도 있다.
그냥 가끔 눈을 감아 보자!

MBTI

리더와 팔로워를 위한 체크 리스트

💙 ESTP를 위한 체크 리스트

＊ 리더십

자기 전 조용히 3분 이상 내일 일과를 정리한다. ··················· (예 / 아니요)

행동으로 옮기기 전에 속으로 10초를 셀 수 있다. ··············· (예 / 아니요)

현재 하는 업무의 결과를 한 번쯤 예측해 보았다. ··············· (예 / 아니요)

팔로워의 이야기를 3분 이상 들었다. ······························ (예 / 아니요)

오늘도 팀의 분위기를 즐겁게 만들었다. ························· (예 / 아니요)

나만의 실용적인 회사생활의 노하우를 공유한다. ··············· (예 / 아니요)

＊ 팔로워십

지금 하는 업무의 미래가치를 생각한다. ························· (예 / 아니요)

리더의 전달 사항을 3분 이상 집중해서 듣는다. ················ (예 / 아니요)

나의 업무를 요약하고 정리한다. ································· (예 / 아니요)

직장 동료와 리더와의 관계가 즐겁고 쾌활하다. ··············· (예 / 아니요)

즉흥적인 대응이 누구보다 빠르다. ······························ (예 / 아니요)

업무에 실수가 있다면 <체크 리스트>를 작성할 수 있다. ········· (예 / 아니요)

💙 주기능의 단점을 보완하고 부기능을 향상하는 방법을 하나씩 해봅니다.

♥ ESTP를 위한 정리파일

나의 주기능(Se)은
어떤 보완할 점이 있을까요?

Se
주기능

나의 부기능(Ti)은 의사소통에
어떤 장점을 가져다 주나요?

Ti
부기능

♥ 당신의 주기능과 부기능의 건강한 성장을 응원합니다.

ISTP

효율적인 독립러

⊙ ISTP 의사소통 스타일

실리적인

조용한

자유로운

즉각적인
결과 선호

최소 노력
최대 효과

관찰력
있는

분석적인

독립적인

💙 ISTP '조해리의 창'

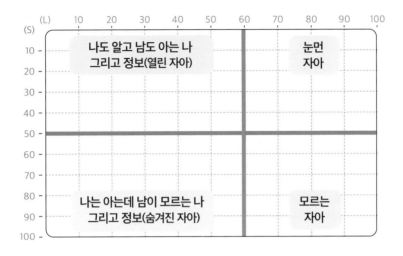

ISTP는 프라이버시를 존중받기를 원한다. 이러한 성향은 '열린 자아'의 크기를 줄인다. 반면에 관찰력이 뛰어나 나는 모르고 남이 아는 나 그리고 정보(열린 자아)는 다른 유형에 비해 작을 수 있다. 이것은 '눈먼 자아'의 크기를 줄이며 자신이 아는 것을 타인과 공유하지 않으니 오히려 '숨겨진 자아'의 크기를 키울 수 있다. 그러면서 타인과 자기에게 둔감할 수 있어 '모르는 자아'도 작지 않을 것이다. 이에 S는 50점 L은 60점으로 기재해 L의 '피드백' 점수보다 S의 '자기노출' 점수가 낮을 수 있으니 참고하자!

<조해리의 창> 결과는 MBTI 특성에 따른 예측치이므로 참고하자!

⊙ ISTP 유형 특징

> 차분히 분석하고
> 어떤 상황에서도 침착하며
> 자원을 잘 활용한다

ISTP는 자기만의 논리로 상황을 심사숙고하며 관찰해 분석한다. 분석한 결과로 냉정하고 침착하게 대응해 급박한 상황에서도 당황하지 않는다. 관찰력이 뛰어나 세무사항을 잘 인지하고 분류해 문제해결을 위해 바로 사용할 수 있는 능력을 지녔다. 자원을 파악해 적재적소에 사용하는 업무에 능해 경찰관과 교도관 같은 활동적인 업무나 토목기사와 같은 기술 분야에서 능력을 발휘할 수 있다. 취미로 캠핑이나 여행을 즐기는 것은 이러한 특성 때문이다. ESTP와 비슷한 것 같지만 ISTP는 독립적인 성향이 강해 관계적인 면에서 독립적이기를 원한다. 타인과의 의사소통에 둔감할 수 있어 이런 성향이 필요한 업무에는 적합하지 않을 수 있다.

좋고 나쁜 성격은 없다. 이 설명은 해당 유형의 특징이며, 장단점을 의미하는 것이 아님을 참고하자!

⊙ ISTP 주기능과 부기능

 주기능

ISTP의 주기능은 논리(사고)ᵀ로 에너지를 자기 내부(i)로 사용한다. 조용히 관찰해 논리적으로 분석하고, 자신만의 논리체계를 구축한다. 업무의 효율성을 중시하며 프라이버시를 존중받기를 원한다.

 부기능

ISTP 주기능의 단점을 보완하기 위해 감각ˢ을 외부(e)로 사용하는 것이 부기능이다. 즉각적으로 실행해 결과로 보일 수 있으며 규칙을 지키는 것보다 융통성을 발휘하는 방안을 선호하며 손재주가 좋다.

TIP

주기능이 T, 부기능이 S인 ISTP는 주기능과 부기능이 반대인 ESTP와 비슷할 거로 생각할 수 있지만, 주기능이 T(i)이기에 행동보다는 사고와 분석을 먼저 하는 신중함을 보인다. 그럼에도 부기능이 S이므로 빠른 결과나 효율성을 중시한다는 점이 차이점이며 독립적인 것을 선호한다.

⊙ ISTP 리더십 유형

최소한의 노력으로 최대의 효과를 지향하는 ISTP는 효율성을 중시하기 때문에 업무의지가 높다고 보기 어렵다. 그러나 최대의 효과를 위한 관찰력, 실무능력이 높아 팀형은 '높음'으로 체크했다. 그러나 의사소통에 둔감해 인간형은 '낮음'이며, 맡은 바 임무를 최소한으로 하는 무관심형은 '높음'으로 체크했다. 마지막으로 일의 능률을 올리는데 인간적 요소를 조절하지만, 작업조건을 체크하는 능력은 높으므로 과업형은 '보통'으로 체크했다. 전반적으로 과업에 관한 관심도 높지 않지만, 관계적인 측면은 더 약할 수 있어 주의가 필요하다.

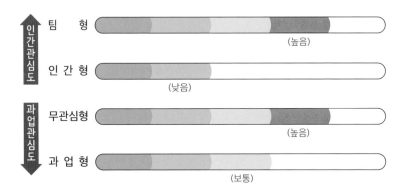

* 리더십 유형 [ISTP]

인간관심도
팀　　형 (높음)
인　간　형 (낮음)

과업관심도
무관심형 (높음)
과　업　형 (보통)

인간관계에 둔한 ISTP는 '인간관심도'보다 '과업관심도'가 높아 타인의 의견에 조금만 관심을 준다면 '팀형' 리더십을 발휘할 수 있을 것이다.

에피소드

회의실에 앉아 ISTP는 팀원을 기다리는 중이다. 팀장이 된 지 1년 차인 ISTP는 적재적소에 인원을 배치해 팀을 잘 이끌고 있었다. 그런데 가장 어려운 것이 팔로워들과의 소통이었다. ISTP가 어렵다는 팀원들의 의견을 듣고 친해지려고 나름 노력해봤다. 회식하며 함께 술도 마시고 회사 밖에서 소소한 만남을 가졌지만 결국 ISTP 팀장 스타일이 아니었다. 어색했다.

김 사원이 작은 회의실에 들어오며 인사한다.

> 김 사원   안녕하세요.
>
> ISTP   어! 왔어요. 아침에 봤는데 뭘 또 인사를 해요. 앉으세요. 마음에 드는 차 골라보세요.
>
> 김 사원   (다양한 차를 보며) 팀장님은 이런 차는 어디서 구하시는 거예요? 전 커피밖에 안 마셔서 잘 모르겠네요. 이거 마셔볼게요.
>
> ISTP   이 국화차는 명인이 만든 차인데, 뜨거운 물을 넣으면 꽃이 활짝 피어요. 요즘 회사생활은 좀 어때요?
>
> 김 사원   그냥 맨날 똑같죠. 뭐!
>
> ISTP   그렇죠? 하지만 같은 날인 거 같아도 같지 않은 날이 또 있더라고요. 꽃이 피었는데 한번 마셔봐요. 커피보다 어떨지 모르겠어요.

팔로워와 친밀감을 형성하기 위해 ISTP가 나름 선택한 방법은 오후 시간에 종종 차를 한 잔씩 하는 거였다. 다른 팀장처럼 실적에 관한 이야기는 하지 않고 ISTP 특유의 관찰력으로 팔로워의 심리상태를 파악할 수 있었다. 처음에는 어색했지만, 차를 마시며 차에 관해 설명하며 팀원들은 자연스럽게 이런저런 이야기를 시작했다. 종종 독특한 과자도 가져와 함께 이야기를 나누었다. 독특하고 실용적인 물건을 잘 찾는 ISTP의 장점은 다른 유형이 따라가기 힘드니 말이다. 대화에서 주제를 이끄는 것이 부담스러운 ISTP에게는 더없이 괜찮은 방법이었다.

이렇게 파악된 팀원 성향에 따라 다음 달 업무 배분에 적용했다. 피곤해하거나 집안에 일이 있는 팀원은 상대적으로 부담이 적은 업무에 배치하고, 열정적인 팀원은 승진에 필요한 업무에 배치했다. 별말을 하지 않았지만, 차 마시는 시간을 가진 이후로 팀원과의 관계는 나쁘지 않았다.

팔로워와의 친밀감은 많은 대화를 나누어야 생기는 것이 아니다. 사람과 사람의 접촉이라고 해야 할까? 우리는 자주 보는 것만으로도 익숙해지고 무언가를 함께 하며 공감하기도 한다. 그것이 하찮아 보이는 작은 것이라도 말이다. 리더십이라고 별거 없다. 팔로워를 생각하고 배려하는 리더의 마음이 전달된다면 어떤 방법이든 괜찮을 것이다. 비록 팀원이 하는 말을 ISTP가 모두 공감하거나 경청하기 힘들어도 말이다.

⊙ **ISTP 팔로워십 유형**

ISTP는 독립적으로 사고하나 조용히 관찰하고 분석하는 유형으로 능동적인 참여는 어렵다. 이런 이유로 모범형은 '보통'으로 체크했다. 독립적인 사고가 낮고 능동성이 높은 순응형은 ISTP와 반대 성향이 있어 '낮음'으로 체크했으며 최소의 노력으로 최대의 효과를 얻으려는 성향이 있어 방관적인 수동형에 '높음'으로 체크했다. 독립적인 사고는 높지만, 능동적 참여가 낮은 소외형이 ISTP의 성향과 부합하는 경향이 있어 '높음'으로 체크했다.

* **팔로워십 유형** `ISTP`

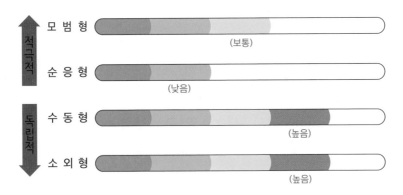

ISTP는 '적극적'인 면보다 '독립성'이 강한 팔로워십 유형이다. 팔로워는 리더와 다르다. 적극적이길 권하기보다 성향에 맞는 업무를 제공하자!

에피소드

윤 과장은 ISTP 사원을 불렀다. 올해가 다 지나기 전에 비품 정리가 필요하다고 생각했다. 늘 묵묵하고 조용하며 손으로 하는 일에 감각이 있는 ISTP가 적임자라고 생각했다.

윤 과장 작년 말에 창고에 있는 비품을 정리하셨죠? 비품 정리하는 거 어때요?

ISTP 괜찮았어요.

윤 과장 비품 정리를 별로 좋아하지 않는 사원도 있는 거 같아 물어보는 거예요. 창고에서 하는 일이다 보니 호불호가 있네요.

ISTP 사무실에서 가끔 나가는 것도 나쁘지 않더라고요.

윤 과장 작년에 창고 정리하시고 칭찬이 자자했어요. 용도별, 사용처별로 깔끔하게 정리하고 거기다 분류하기 복잡한 것들은 사용하지 않는 상자에 깔끔하게 정리하셨다고요.

ISTP 하하! 그랬나요?

윤 과장 정리도 능력이더라고요. 잘하고 싶다고 잘하는 게 아닌데 말이죠. 그럼, 다음 주 월요일부터 비품 정리하는 곳으로 출근해 주세요. 정리가 어느 정도 끝나면 말씀해 주세요.

ISTP 네! 알겠습니다.

윤 과장 혹시 다른 사원 한 명 더 보낼까요? 아니면 시간이 더 걸려도 혼자 하는 게 나으시겠어요?

ISTP   작년처럼 혼자 하겠습니다.

윤 과장   그래요. 알겠습니다. 그럼 이번에도 잘 부탁드려요.

이번에도 ISTP는 묵묵하게 창고의 100종류도 넘는 다양한 비품을 차곡차곡 나름의 규칙대로 모아서 정리했다. 윤 과장은 종종 들러서 힘들진 않은지 필요한 것이 없는지 체크했지만, 별다른 사항은 없었다. 추후에 비품실에 어떤 비품이 어딨는지 묻는다면 ISTP는 금방 꺼내올 것이다.

어떤 것이든 남보다 잘하는 것이 있다면 그것이 그 사람의 재능이다. 팔로워의 가진 재능에 따라 업무를 배분하는 것은 리더의 몫이다. 그러기 위해서는 먼저 그들의 재능을 알아차리는 눈을 가져야 한다. ISTP처럼 <열린 자아>가 크지 않은 팔로워의 재능을 알아차리기란 쉽지 않다. 우리 회사에서 ISTP를 위한 업무는 어떤 것이 있을까 고민해 보자!

ⓥ ISTP 리더와 팔로워를 위한 조언

> ## 오늘 하루의 감정을
> ## 형용사로 적어보자!

감정에 무관심한 ISTP라 하지만, <조해리의 창> 진단지에서 보여주듯이 타인과의 관계는 둘째치고라도 내게 무심할 수 있다. 내가 진짜 원하는 것이 무엇인지, 나는 지금 어떤 상태인지 알기 위해서 나의 감정을 알아차리는 것은 매우 중요하다. 감정에 무심한 ISTP이니 오늘 하루 내가 느낀 감정을 형용사 하나로 표현하는 것으로 나를 알아차리는 것을 시작했으면 한다. 감정을 표현하는 형용사는 너무 다양하다. 하지만, 사용하지 않으면 막상 어떤 것을 떠올리기 힘들다. 아래 형용사의 예시를 살피며 나의 오늘 감정을 알아보자! 별거 없다. 그냥 괜찮았다면 더없이 좋은 하루일 것이다.

TIP

＊ 마음의 색깔

고독한 / 그리운 / 즐거운 / 우울한 / 포기하는 / 신난 / 자랑스러운 / 샘나는 / 소심한 / 부끄러운 / 행복한 / 차분한 / 짜증나는 / 기쁜 / 외로운 / 당황스러운 / 두려운 / 후회되는 / 슬픈 / 미운 / 사랑하는 / 열정적인 / 따분한 / 만족스러운 / 감탄하는 / 안심하는 / 긴장하는

MBTI

리더와 팔로워십를 위한 체크 리스트

♥ ISTP를 위한 체크 리스트

---

* 리더십

회사에 문제가 생기면 해결방안을 바로 행동으로 옮긴다. ············· (예 / 아니요)

업무에 관한 내용을 주기적으로 정리한다. ····························· (예 / 아니요)

대화가 힘들어도 팔로워와 대면하려고 한다. ························· (예 / 아니요)

융통성을 발휘해서 말하지 않고도 타인과 함께하는 방법을 안다. ····· (예 / 아니요)

나만의 실용적인 회사생활의 노하우를 팔로워에게 공유한다. ········ (예 / 아니요)

팔로워의 말을 3분 이상 들었다. ································· (예 / 아니요)

---

* 팔로워십

내일 할 일을 미리 생각할 수 있다. ······························· (예 / 아니요)

오늘 할 일을 모두 마쳤다. ····································· (예 / 아니요)

업무에 실수한 내용은 파일이나 메모장에 적어둔다. ··············· (예 / 아니요)

동료의 이야기를 3분 이상 들었다. ································· (예 / 아니요)

나의 업무를 요약하고 정리한다. ································· (예 / 아니요)

오늘 하루 올라왔던 감정을 추스르는 시간을 갖는다. ·············· (예 / 아니요)

♥ 주기능의 단점을 보완하고 부기능을 향상하는 방법을 하나씩 해봅니다.

♥ ISTP를 위한 정리파일

나의 주기능(Ti)은
어떤 보완할 점이 있을까요?

Ti
주기능

_____

_____

_____

_____

_____

나의 부기능(Se)은 의사소통에
어떤 장점을 가져다 주나요?

Se
부기능

_____

_____

_____

_____

_____

당신의 주기능과 부기능의 건강한 성장을 응원합니다.

ESFP

창의적인 긍정러

♥ ESFP 의사소통 스타일

긍정적인

친절한

사교적인

요점을
선호하는

실용적인
정보에
집중하는

행동이
빠른

즐기는

편안한

⊙ ESFP '조해리의 창'

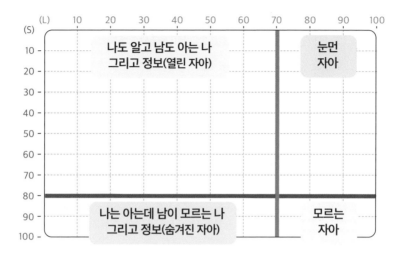

활발하며 유쾌하고 사교적인 ESFP는 나를 잘 오픈하고 타인의 말을 경청한다. 이런 성향은 '열린 자아'의 크기가 가장 크게 나타나게 한 다. 나는 아는데 남이 모르는 나와 정보를 의미하는 '숨겨진 자아'의 크기는 상대적으로 크지 않다. 경청을 잘한다는 의미는 '눈먼 자아'의 크기가 작다는 것을 의미한다. '모르는 자아'도 상대적으로 조정될 것 이다. 이런 이유로 S는 80점, L은 70점으로 기재해 L의 '피드백' 점수 보다 S의 '자기노출' 점수가 더 높으니 참고하자!

> <조해리의 창> 결과는 MBTI 특성에 따른 예측치이므로 참고하자!

⊙ ESFP 유형 특징

> 타인을 존중하고 배려하며
> 실용적이면서도
> 유머러스하다

ESFP는 현실적인 업무처리에 실용적인 방법으로 접근한다. 같은 물건도 용도를 다르게 사용할 줄 아는 실용성이 높다. 타인을 배려하고 존중하며 조직에 협력적이다. 사교적인 모임이나 시간을 즐기며 처음 보는 사람과도 쉽게 대화한다. 교사나 사회복지사, 보건의료 분야, 서비스 분야 등 타인을 돕거나 가르치는 일에 적응력이 높을 수 있다. 또는 엔터테인먼트 분야로 자기 개성을 드러내는 직업에 능하다. 비판을 개인적으로 받아들여 부정적으로 재해석하는 경향이 있어 긍정적으로 지지하고 격려해야 한다.

♥
좋고 나쁜 성격은 없다. 이 설명은 해당 유형의 특징이며, 장단점을 의미하는 것이 아님을 참고하자!

⊙ ESFP 주기능과 부기능

🏅 주기능

ESFP의 주기능은 감각S으로 에너지를 자기 외부(e)로 사용한다. 활발하고 유쾌하며 실용적이고 흥미로운 주제에 집중한다. 팀원과 토론을 통해 문제의 합의점을 도출하는 방식을 선호한다.

🏅 부기능

ESFP 주기능의 단점을 보완하기 위해 감정F을 내면(i)으로 사용하는 것이 부기능이다. 타인을 배려하고 타인의 말을 경청한다. 팀원과의 관계 형성을 잘하며, 감정적인 교류가 활발하다. 문제 대부분에 낙천적인 성향을 보인다.

TIP ⚠

ESFP는 ESTP와 주기능이 같지만, 부기능인 F(i)의 영향으로 빠른 결단이나 행동보다는 타인과 서로 토론하며 합의점을 찾는 것에 집중한다. 그러나 주기능이 S이므로 실용적이며 효율성이 높은 것과 핵심정보를 먼저 말하는 것을 선호하는 것은 ESTP와 같다.

❤ ESFP 리더십 유형

조직에서 가장 중요한 것 중 하나가 긍정성이다. 사회생활은 생각보다 녹록지 않다. ESFP 리더는 황무지 같은 회사에서 ESTP의 유쾌함에 타인을 배려하고 경청하며 낙천적인 감정F까지 갖추었다. 이런 이유로 업무의지가 높고 공통의 이익으로 신뢰와 존경이 생기는 팀형은 '높음'으로 체크했다. 즐거운 분위기를 형성해 업무도 잘 이루어내는 인간형은 '매우높음'으로 체크했다. 맡은 바 임무를 최소한으로 하는 무관심형은 '낮음'으로 체크했으며, 일의 능률을 위해 인간적 요소의 간섭을 최소화하는 과업형도 '높음'으로 체크했다.

* 리더십 유형 `ESFP`

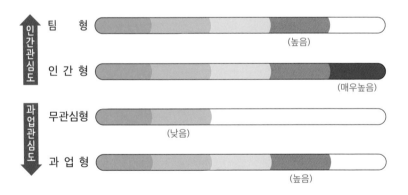

ESFP는 과업관심도보다 인간관심도가 높다. 사람에게 관심이 높지만, 관계를 업무적으로 해석해서 접근한다면 과업관심도를 높일 수 있다.

에피소드

윤 과장은 ESFP와 함께 회의 중이다. 이번 인사이동 관련해서 의구심이 드는 점이 있기 때문이다.

윤 과장   이번 예비 팀장에 김 사원을 추천했던데 인사이동 발표 전에 사유를 좀 알고 싶어서요.

ESFP   실적도 우수하고 팀 분위기도 밝게 잘 이끌어서 추천했어요.

윤 과장   이상하네요. 실적은 박 사원이 더 높지 않나요? 박 사원도 팀에서는 적응력이 괜찮은 거로 알고 있어요. 거기다 근속기간이 박 사원이 6개월이나 많은데 굳이 김 사원을 추천한 이유가 있을까요?

ESFP   박 사원은 불화가 있는 팀원이 있는 거로 알아요. 그래서 김 사원을 추천했습니다.

윤 과장   그 불화가 있다는 사원이 박 사원 아닌가요?

ESFP   (잠시 머뭇거리다가) 맞아요.

윤 과장   대리님! 이렇게 인사를 결정하시면 안 됩니다. 만약에 김 사원이 예비 팀장이 된다면 박 사원 보고 나가라는 의미 아니겠어요? 박 사원과 김 사원이 사이가 좋지 않은데 둘 중 하나가 팀장이 되는 상황이라면 그게 누구든 껄끄럽겠죠.

ESFP   과장님 말씀이 맞는다면 박 사원이 팀장이 된다면 김 사원더러 나가라는 의미가 되겠네요.

윤 과장   (한숨 쉬며) 근속기간이며 실적이며 저도 납득이 안 되는데, 다른 사원은 형평성에 관해서 어떻게 생각하겠어요. 요즘 김 사원과 퇴근 후에 종종 저녁 식사 함께 했던 거 알고 있어요. 인사를 개인적으로 결정하시면 안 됩니다.

ESFP 과장님께서 뭘 우려하시는지는 알아요. 하지만 전 인사에 개인적인 감정을 넣지 않았습니다.

윤 과장 그러시면 누가 봐도 납득이 될만한 자료를 제게 제출하세요. 그렇지 않으면 이번 인사발령 다시 하셔야 할 겁니다. 내일까지 김 사원에 관한 자료를 다시 제출하시든지 대상자를 변경해서 보내요.

윤 과장은 마지막 말을 남기고 회의장을 나갔다. ESFP는 억울했다. 자신이 판단하기에 김 사원은 팀장이 되기에 충분했다. 김 사원의 역량을 알아보지 못하는 윤 과장이 야속했다. 그런데 ESFP에게 보이는 김 사원의 능력을 설명하기에 근거자료는 충분하지 않았다.

ESFP는 조직에서 누구보다 팀 분위기를 즐겁게 이끄는 리더이다. 조직에서 관계적인 측면도 원활하며 업무도 효율적으로 한다. 그러나 주기능이 감각S이고 부기능이F이다 보니 감정적으로 빠르게 움직이는 경향이 있다. 섣부른 감정적 결정은 조직에서 반감을 일으킨다. 그러나 사고T가 부족한 ESFP에게 이런 논리는 어렵다.

ⓥ ESFP 팔로워십 유형

ESFP는 책임감이 강해 주어진 업무에 열심히 하려는 성향이 있다. 업무에 능동적이며 적극적이지만 독립적이거나 비판적이지 못하다. 이런 성향으로 독립/비판적 사고와 참여도가 둘 다 높은 팔로워를 의미하는 모범형은 '보통'으로 체크했다. 업무에 적극적이지만 독립적이지 못해 리더에게 의존도가 높은 순응형은 '높음'으로 체크했다. 업무에 관해 방관하는 태도를 보이는 수동형은 '낮음' 그리고 독립/비판적 사고는 높지만, 업무에 적극적이지 않은 소외형도 ESFP와 반대의 성향을 의미하므로 '낮음'으로 체크했다.

* 팔로워십 유형 `ESFP`

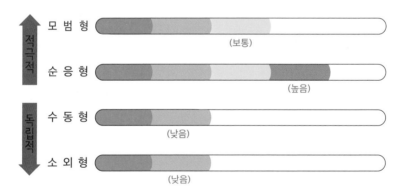

능동적이며 적극적이지만 독립성이 낮아 ESFP 팔로워에게 구체적인 업무를 제시한다면 업무 효율성이 높아질 것이다.

에피소드

ESFP 대리는 전 전무에게 보고서 내용을 전달받고 있다. 다음 주에 COO에게 올려야 하는 보고서 초안을 ESFP에게 작성하라는 것이다. 팀의 보고서이니 초안은 담당자가 하는 것이 맞다며 전 전무는 늘어 진 자세로 다리를 꼬고 앉아 이것도 넣고 저것도 넣으라며 지시한다. 일주일 후, ESFP 대리는 전 전무에게 보고서를 제출했다. 전 전무의 얼굴이 벌겋게 상기되며 짜증을 내기 시작한 것은 이때부터였다.

> **전 전무**   내가 뭐라고 했어요? 작년과 올해 데이터를 넣어서 비교하라고 했 잖아! 작년 건 어딨어?

반말과 존댓말을 섞어가며 빈정 상하기 딱 좋은 어투로 30분간을 혼자 넋두리하다시피 한다. ESFP는 점점 정신이 혼미해짐을 느낀다. 끝났을 때는 눈물이 터져 나올 것 같아 화장실로 달려 나갔다. 무엇이 잘못되었으면 어떻게 수정하라고 말할 것이지 인신공격적인 어투는 정말 참기 힘들었다.

다음날 '회사생활이 다 그렇지!'라고 생각하며 수정한 보고서를 전 전무에게 들고 갔다. 전 전무는 이제는 아예 욕하는 것 같은 표정을 하고서 어제처럼 또 시작한다. 그러고는 이렇게 말했다.

> **전 전무**   됐어. 이거 그냥 나한테 보내요. 내가 고칠 테니까!

어이가 없었다. 본인이 고치라고 한 부분을 다 수정해서 제출했는데도 흥분해서 날뛰는 모습이라니…. 정말 더러워서 회사생활을 못하겠다는 생각이 처음으로 들었다.

이후 ESFP 대리는 전 전무에게 며칠간 인사하지 않았다. 눈을 마주치고도 그냥 지나갔다. '전무면 다인가? 인사 안 한다고 저라고 어쩌겠나?' 하는 생각이 들었다. 전 전무는 그런 ESFP와 눈이 마주칠 때마다 움찔하며 도망치듯 자리를 피했다.

회사에 들어가면 사람 같지 않은 사람이 꼭 있다. 중요한 것은 그런 사람은 어디에나 있다는 점이다. <조해리의 창>에서 '열린 자아'가 크다는 것은 자기오픈을 잘하는 것이다. 관계가 좋을 때 자기오픈은 괜찮지만, 이런 상황에서 감정을 오픈하는 것은 사회생활에서 내게 좋지 않다. 업무를 객관적, 논리적으로 판단하기 어려운 ESFP 대리는 이 난관을 어떻게 해결하면 좋을까? 팔로워 입장에서 리더에게 업무를 지시받을 때는 고객 니즈를 파악하는 것과 같이 꼼꼼해야 한다. 서로 불필요한 감정을 소모하지 않기 위해 가장 중요한 것은 메모이다.

① 처음 전 전무에게서 보고서 업무를 지시받을 때 요구사항을 적는다.
② 요구사항이 몇 개인지 체크하고 이것을 보고서에 넣는 것이 맞는지 재확인한다.
③ 보고서 제출 시 전 전무가 요구했던 메모를 펼쳐서 이것은 여기에, 저것은 저기에 있다고 설명한다.
④ 추가 수정사항이 있으면 수정사항을 메모한다.
⑤ 메모 후 자신이 이해한 것이 맞는지 재확인하고 보고서를 수정해서 제출한다.

⊙ ESFP 리더와 팔로워를 위한 조언

" 논리ㅜ는
나쁘지 않아요. "

ESFP는 책임감이 강하고, 업무에 열정적이며 팀원과의 관계도 좋다. 그러나 가끔 논리적이지 못하고 감정에 흔들리는 모습을 보인다. 또한, P의 성향을 보이며 열등기능이 직관N이기 때문에 다른 사람이 봤을 때 히스테리적인 모습을 보일 수 있어 주의가 필요하다. 사회생활은 녹록지 않다. 당신이 리더든 팔로워든 감정적인 면을 보인다면 마이너스적인 요소로 반영될 수 있다. 차라리 논리적인 사고가 어렵다면 자신의 감정을 드러내지 말자! 그러나 <조해리의 창> 진단지에서 보듯이 '열린 자아'의 크기가 어느 유형보다도 큰 ESFP는 그것도 쉽지 않다. 부기능인 F(i)를 성장시키기 위해 나의 내면을 들여다보는 시간을 종종 갖자! 편안해지는 느낌을 받을 때까지….

MBTI

리더와 팔로워를 위한
체크 리스트

❤ ESFP를 위한 체크 리스트

★ 리더십

자기 전 조용히 3분 이상 일과를 정리한다. ·························· (예 / 아니요)

오늘도 팀의 분위기를 즐겁게 만들었다. ······················· (예 / 아니요)

행동으로 옮기기 전에 속으로 10초를 셀 수 있다. ············· (예 / 아니요)

나만의 실용적인 회사생활의 노하우를 팔로워에게 공유한다. ······· (예 / 아니요)

나와 가치가 다른 타인의 말을 수용할 수 있다. ················ (예 / 아니요)

의견을 공유할 때 객관적인 자료를 찾으려고 노력한다. ············ (예 / 아니요)

★ 팔로워십

오늘 하루 올라왔던 감정을 추스르는 시간을 갖는다. ············· (예 / 아니요)

오늘 할 일을 모두 마쳤다. ····························· (예 / 아니요)

업무에 관해 기억하는 세부사항을 정리한다. ················· (예 / 아니요)

때로는 나의 감정을 타인에게 오픈하지 않을 수 있다. ············ (예 / 아니요)

오늘 할 일을 모두 마쳤다. ····························· (예 / 아니요)

나의 업무를 요약하고 정리한다. ························· (예 / 아니요)

❤ 주기능의 단점을 보완하고 부기능을 향상하는 방법을 하나씩 해봅니다.

⊙ ESFP를 위한 정리파일

나의 주기능(Se)은
어떤 보완할 점이 있을까요?

Se
주기능

_____

_____

_____

_____

_____

나의 부기능(Fi)은 의사소통에
어떤 장점을 가져다 주나요?

Fi
부기능

_____

_____

_____

_____

_____

당신의 주기능과 부기능의 건강한 성장을 응원합니다.

ISFP

겸손한 친절러

♥ ISFP 의사소통 스타일

조용한

구체적인

상식적인

다양하게
경험하는

타인을
존중하는

실용적인

겸손한

여유있는

⊙ ISFP '조해리의 창'

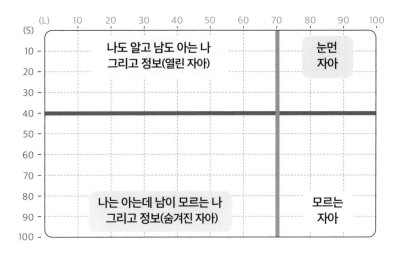

ISFP의 가장 큰 키워드는 '경청'과 '겸손'이다. 이들은 타인의 말은 잘 듣지만, 자기 오픈은 잘하지 않는다. 말수가 적은 유형은 아무래도 자신에 관한 말을 할 기회가 많지 않을 테니 말이다. 이런 점에서 나도 알고 남도 아는 '열린 자아'는 크지 않다. 그러나 타인의 말을 잘 듣기 때문에 나는 모르고 남이 아는 나인 '눈먼 자아'는 작을 수 있다. 오히려 나는 아는데 남이 모르는 나인 '숨겨진 자아'가 더 클 수 있다. 이에 S는 40점, L은 70점으로 기재했다. S의 '자기노출'보다 L의 '피드백' 점수가 더 높을 수 있으니 참고하자!

> ♥ <조해리의 창> 결과는 MBTI 특성에 따른 예측치이므로 참고하자!

ⓥ ISFP 유형 특징

> 겸손하고
> 예술적 감각이 있으며
> 타인을 배려하고 지원한다

ISFP의 예술적인 감각은 <MBTI 유형별 유튜브 콘텐츠 컨설턴트>에서 다루었다. 이들은 다른 유형이 가지지 못한 재능이 있어 패션 디자이너, 보석 세공사, 예술가, 만화가 등 다양한 분야에서 두각을 드러낸다. 그러면서도 겸손하고 타인을 배려하는 따뜻한 유형이다. 조직에서 협력적이며 실질적으로 도움을 줄 수 있는 것을 잘 파악한다. 그러나 예술가 대부분이 그러하듯 미리 계획하고 준비하는 것을 어려워하며, 논리적으로 판단하는 것을 어려워한다. 주기능이 감정이기 때문에 부정적인 피드백을 개인적으로 받아들이는 경향이 있다.

💙 좋고 나쁜 성격은 없다. 이 설명은 해당 유형의 특징이며, 장단점을 의미하는 것이 아님을 참고하자!

♥ ISFP 주기능과 부기능

 주기능

ISFP의 주기능은 감정F으로 에너지를 자기 내부(i)로 사용한다. 차분히 타인의 언행에 주의를 기울이고 사람들의 의견을 이해하고자 한다. 자신의 성과를 내세우려 하지 않는 겸손함과 너그러움이 함께 한다.

 부기능

ISFP 주기능의 단점을 보완하기 위해 감각S을 외부(e)로 사용하는 것이 부기능이다. 실용적이며, 즉각적으로 실행할 수 있으며, 구체적인 방안을 선호한다. 타인을 위한 현실적으로 도움이 되는 방안을 살핀다.

> **TIP**
> ESFP와 마찬가지로 주기능인 F(i)의 영향으로 부기능이 S(e)지만, ISFP는 빠른 결단이나 행동보다는 타인과 서로 토론하며 합의점을 찾는 것에 집중한다. 주기능이 감정이기 때문에 타인과의 관계에 더 비중을 두며 지시하거나 통제하지 않는다.

ⓥ ISFP 리더십 유형

예술적인 감각이 있으면서 세밀한 작업에 강점을 보이는 ISFP는 시야가 넓지 않으며 구체적인 특징을 가진다. 예술가가 지닌 특성 중 하나는 자유로움이다. ISFP는 업무에 의지가 높아 조직 목표를 달성하는 성향과는 거리가 있어 보여 팀형은 '보통'으로 체크했다. 인간관계를 잘 유지하며 즐거운 분위기를 형성하는 인간형은 '높음'으로 체크했으며, 맡은 바 임무를 최소한으로 하는 무관심형은 ISFP의 여유로운 특성으로 '보통'으로 체크했다. 일의 능률을 올리는데 인간적 요소의 작업조건을 갖추는 과업형은 '보통'으로 체크했다.

＊리더십 유형 `ISFP`

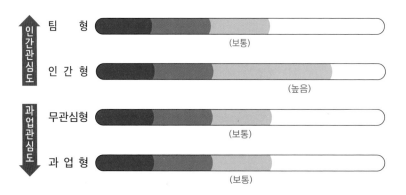

ISFP는 과업관심도보다 인간관심도가 높다. 업무에 관한 구체적이며 현실적인 계획에 조금만 더 집중한다면 과업관심도를 높일 것이다.

에피소드

ISFP는 오랜만에 그룹장이 어떻게 일하는지 둘러보는 중이다. 간혹 일하는 데 어려움은 없는지, 도움이 필요한 일이 있는지 이렇게 라운딩을 돌곤 했다. 이번에는 윤 과장에게 들렀다. 열심히 자판을 치던 윤 과장은 ISFP를 보고는 봇물 터지듯 말하기 시작한다.

> **윤 과장** 차장님! 이번에 저희 팀 채용인원이 많이 모자라요. 지금 남은 사원들 업무가 너무 과부하 걸리는데 언제 채용이 가능한지 채용팀에 문의해도 기다리라고만 해요.
>
> **ISFP** 채용인원이 얼마나 필요한가요?
>
> **윤 과장** 지금 공석이 3명이라 5명은 채용해서 교육해야 할 거 같은데요.
>
> **ISFP** 5명? 잠시만요.
> (바로 채용팀 과장에게 전화를 걸어 묻는다) 이번에 A 그룹 채용 요청한 거 언제쯤 되는지 확인할 수 있을까요? 이번 주요? 네! 네! 알겠습니다. 최대한 빠르게 진행 좀 부탁해요. 그래요.
> (전화 끊고) 이번 주까지만 기다려줘요. 채용팀이 B 그룹 채용 때문에 좀 힘들었나 봐요.
>
> **윤 과장** 자기들이 하는 일이 그건데 B 그룹 때문에 저희를 한 달 넘게 기다리게 하는 건 아니죠.
>
> **ISFP** 어휴, 그러게…. 좀 체계적으로 일하면 좋을 텐데, 다들 왜 그러는지 모르겠어요. 다른 건 괜찮고요?

윤 과장	다른 이슈는 지금은 없어요. 채용은 해결해 주셔서 감사해요.
ISFP	그래요. 채용이 다소 늦어도 너무 속상해하지 말고 천천히 해요.
윤 과장	다른 사원들이 힘들어하니까요. 매일 와서 팀장들이 오늘은 이래서 힘들고, 또 내일은 저래서 힘들고. 벌써 한 달이 다 되어가요.
ISFP	그럼 내일은 OO 팀에서 한 명 지원 보내드릴까요?
윤 과장	그래 주시면 너무 감사하죠. 일주일 후에 들어오면 교육 기간이 있으니 3주 정도만 지원해 주시면 안 될까요?
ISFP	일단 그쪽 팀장하고 상의하고 말씀드릴게요. 그럼 수고해요.
윤 과장	감사합니다.

ISFP는 OO 팀 팀장과 상의하기 위해 바로 나갔다. 이렇게 간혹 운영 관련 문제를 말하면 바로 반영해 주시는데, 주기적으로 혹은 체계적으로 문제점을 보완해 나가지는 않았다. ISFP 차장님에게 큰 불만은 없지만, 윤 과장은 그 점이 늘 아쉬웠다.

ISFP 리더는 차분하고 조용히 타인의 말을 경청한다. 이들은 팔로워를 존중하며 팔로워 앞에서 겸손하다. 그러나 함께 일하는 사람들의 의견을 늘 듣다 보니 어느 한쪽 편에 서서 해결점을 찾을 때는 늘 중간 점에 서 있는 ISFP가 팔로워로서는 아쉬울 수 있다. 한쪽 편에 선다는 느낌보다 논리적으로 업무를 해결한다 생각하고 이론적으로 접근할 필요가 있다.

⊙ ISFP 팔로워십 유형

ISFP는 독립/비판적 사고와 능동적인 참여 둘 다 힘들어하는 경향이 있어 모범형은 '보통'으로 체크했다. 모범형을 '낮음'이 아닌 '보통'으로 체크한 것은 적극적인 성향까지는 아니더라도 협력적이기 때문에 팀의 목표에 따르기 때문이다. 또한 리더가 독려한다면 타인을 존중하는 ISFP는 따라오기 때문에 순응형은 '높음'으로 체크했다. 예술가적인 ISFP는 여유로움을 즐기는 수동형의 기질도 있어 '보통'으로 체크했다. 조직에서 독립적이며 비판적 사고를 하고 적극적이지 않은 소외형은 협력적인 성향이 있어 '보통'으로 체크했다.

＊ 팔로워십 유형 (ISFP)

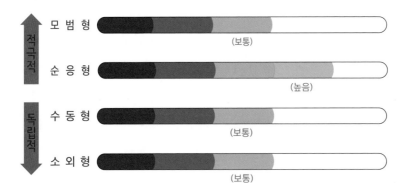

ISFP는 독립적이기보다 적극적인 면이 높다. 적극적인 면이 살짝 높은 거라 리더는 이들이 수동적, 협력적이라는 특성을 잘 살피자!

에피소드

한 초등학교 교무실에서 교장 선생님이 심각한 표정으로 ISFP에게 다가온다. ISFP는 이 학교 음악 선생님이었다.

> **교 장** ISFP 선생님, 내년도 커리큘럼에 음악 실기가 오카리나로 되어 있는데, 다음 학기에는 리코더로 하기로 되어 있지 않았나요?
>
> **ISFP** 리코더는 손가락 발달이 덜 된 저학년은 더 힘들어하는 경향이 있어서 다음 학기부터는 오카리나로 변경하려고요.
>
> **교 장** 그럼 미리 상의해 주셨어야죠. 리코더를 이미 주문서를 넣은 상태인데…. 이렇게 되면 너무 곤란합니다.
>
> **ISFP** ….
>
> **교 장** 다시 리코더로 변경해서 커리큘럼 제출해 주세요.
>
> **ISFP** 교장 선생님~ 거래처 연락처를 제게 주시면 제가 오카리나로 혹시 변경할 수 있는지, 변경하게 되면 예산이 어느 정도 차이 나는지 살펴볼게요. 그리고서 살펴보면 어떨까요?
>
> **교 장** (잠시 생각하다가) 그래요. 이게 학교 전체 예산을 잡아서 처리하는 거라 행정실에 얘기 듣고 바로 온 거예요. 그럼 행정실에 문의해서 알아보시고 말씀 주세요.

ISFP는 늘 이렇게 달려와서 본론부터 말하는 교장 선생님의 언행이 마음에 들지 않는다. 하지만, 겉으로 드러내지는 않았다. 이번에도 차선책이 분명히 있을 텐데 꽉 막힌 사람처럼 저렇게 흥분하며 말하는 것이 이해되지 않았다. 행정실에서 연락처를 받은 ISFP는 추가 비용 없이 리코더를 오카리나로 변경했다.

ISFP는 조용하며 타인을 존중하는 팔로워이다. 그러나 조심하라! 이들은 <조해리의 창>에서 보듯이 자신의 마음을 오픈하지 않는다. 교장 선생님에 관한 감정을 드러내지 않는 ISFP는 드러나지 않는 곳에서 그 불편한 마음을 표현한다. 예를 들면, 교장 선생님이 이번 회식에는 꼭 참석해달라고 요청하면 가기는 가지만 초반에 바로 나와버렸다. 이런 것을 심리학에서는 수동공격이라 한다. 상대방은 인지하지 못하는 상황에 내 마음의 만족을 위한 복수를 하는 것이다. 이들에게 존중의 태도를 보이지 않는다면 당신에게 언제 수동공격이 올지 알 수 없으니 주의하자!

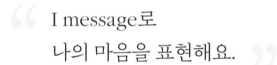 ISFP 리더와 팔로워를 위한 조언

> " I message로
> 나의 마음을 표현해요. "

ISFP는 자기의 마음을 표현하지 않으면서 그 일을 바로 잊지도 못한다. 이것이 쌓이면 결과적으로 사회생활에는 마이너스다. '열린 자아'가 작은 사람은 나를 오픈하는 것이 쉽지 않다. 한 걸음 나아가기 위해 먼저 'I message'를 연습하자! 상대방의 잘못을 교정하거나 지적하는 것이 아닌 상대방의 언행으로 불편해진 내 마음을 표현한다. <ISFP 팔로워 에피소드>에서 교장 선생님에게 이렇게 말할 수 있다. '갑자기 오셔서 말씀하시니 좀 당황스러워서요. 여기 앉으시겠어요?' 이런 말은 상대방이 '내가 너무 흥분했나?' 등의 생각할 시간을 주며 앉거나 하는 다른 행동은 기분이나 정서의 환기가 된다. 상대에게 잘못했다고 탓하는 것이 아닌 자기표현은 ISFP의 첫 단추로 나쁘지 않을 것이다. 가끔은 I message를 해보자!

MBTI

리더와 팔로워를 위한 체크 리스트

❤ ISFP를 위한 체크 리스트

> *** 리더십**
>
> 자기 전 조용히 3분 이상 일과를 정리한다. ························· (예 / 아니요)
>
> 오늘도 팀의 분위기를 즐겁게 만들었다. ······················· (예 / 아니요)
>
> 현재 하는 업무의 결과를 한 번쯤 예측해 보았다. ············· (예 / 아니요)
>
> 나와 가치가 다른 타인의 말을 수용할 수 있다. ··············· (예 / 아니요)
>
> 업무에 관한 내용을 주기적으로 정리한다. ····················· (예 / 아니요)
>
> 타인의 의견을 객관적으로 수용할 수 있다. ····················· (예 / 아니요)

> *** 팔로워십**
>
> 오늘 할 일을 모두 마쳤다. ······································· (예 / 아니요)
>
> 오늘 하루 올라왔던 감정을 추스르는 시간을 갖는다. ········· (예 / 아니요)
>
> 나의 업무를 요약하고 정리한다. ································· (예 / 아니요)
>
> 동료의 이야기를 3분 이상 들었다. ······························ (예 / 아니요)
>
> 갑작스러운 회사의 변화를 수용할 수 있다. ····················· (예 / 아니요)
>
> 내일 할 일을 미리 생각할 수 있다. ······························ (예 / 아니요)

> ❤ 주기능의 단점을 보완하고 부기능을 향상하는 방법을 하나씩 해봅니다.

♥ **ISFP를 위한 정리파일**

> 나의 주기능(Fi)은
> 어떤 보완할 점이 있을까요?
>
> **Fi**
> 주기능

> 나의 부기능(Se)은 의사소통에
> 어떤 장점을 가져다 주나요?
>
> **Se**
> 부기능

> ♥ 당신의 주기능과 부기능의 건강한 성장을 응원합니다.

ENFJ

사교적인 인정러

♥ ENFJ 의사소통 스타일

예술적인

친근한

상호작용
하는

다른사람을
이끄는

자기표현을
잘하는

다양성을
인정하는

격려하는

참여
시키는

♥ ENFJ '조해리의 창'

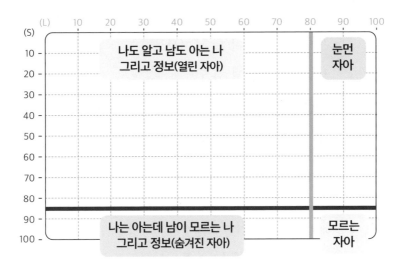

자기표현을 잘하며 사람에 관한 관심이 높은 ENFJ는 나도 알고 남도 아는 나 그리고 정보(열린 자아)가 가장 클 것이다. 추천 직업에 상담, 교육, 커뮤니케이션, 사회복지 분야가 있을 정도로 타인과 나의 감정에 민감하다. 이는 나는 모르고 남이 아는 나 그리고 정보(눈먼 자아)를 줄일 수 있다. 또한, 나는 아는데 남이 모르는 나 그리고 정보(숨겨진 자아)도 현저하게 줄어들 것이다. 이에 S는 85점, L은 80점으로 기재했다. ENFJ는 S 점수의 '자기노출'이 높으며, L 점수 '피드백' 또한 높을 수 있으니 참고하자!

♥ <조해리의 창> 결과는 MBTI 특성에 따른 예측치이므로 참고하자!

♥ ENFJ 유형 특징

> 활기를 불러일으키며
> 팀원을 독려하고
> 생각을 창의적으로 표현한다

자기 생각을 예술적으로 표현하며 전체적인 맥락을 파악하는 업무에 능하다. 창의적인 사고를 보이며, 이면의 숨은 의미를 잘 파악한다. 이를 활용해 광고나 홍보 기획자, 편집자나 상담 분야, 교육 분야에서 강점을 보인다. 조직적, 체계적이며 목표 달성의 욕구가 강하다. 타인에게 친절하고 공감하나 업무가 관련되면 단호한 모습을 보인다. 화목한 조직을 추구하기 때문에 갈등을 회피하는 경향이 있다. 가치 있다고 생각하는 업무에 헌신하고 진정성 있는 모습을 보인다. 문제를 해결하지 않고 그대로 두는 경향이 있다.

♥ 좋고 나쁜 성격은 없다. 이 설명은 해당 유형의 특징이며, 장단점을 의미하는 것이 아님을 참고하자!

❤ ENFJ 주기능과 부기능

 주기능

ENFJ의 주기능은 감정F으로 에너지를 자기 외부(e)로 사용한다. 친절하고 타인을 격려하며 친밀한 관계를 형성한다. 자기표현을 잘하며 사람을 이끌어 참여시키고자 한다. 지시하기보다 카운슬링을 통해 이끈다.

 부기능

ENFJ 주기능의 단점을 보완하기 위해 직관N을 내면(i)으로 사용하는 것이 부기능이다. 추상적인 아이디어, 미래의 비전에 관해 논하는 것을 즐긴다. 타인의 의견을 존중하고 독려하며 성장, 발전시키는 일에 열정적이다.

TIP

주기능이 F인 ENFJ는 인간관계가 가장 먼저이다. 관계적인 면을 다지고 업무적으로 다가서야 ENFJ의 공감을 구할 수 있다. 비판이 필요하면 먼저 긍정적이거나 공감하는 면을 강조하고 비판하라. ENFJ는 무엇보다 감정이 중요하므로 인간적인 존중이 우선이다.

⊙ ENFJ 리더십 유형

ENFJ는 인간의 성장과 발전에 열정적이면서도 팀원을 잘 독려하고 타인의 의견을 존중한다. 업무 의지가 높으며 조직 목표를 달성해 서로 신뢰와 존경의 관계를 형성하는 팀형은 '높음'으로 체크했다. 인간관계를 잘 유지하며 즐거운 분위기를 형성하며 업무도 잘 이루어지는 인간형은 '매우높음'으로 체크했으며 맡은 바 임무를 최소한으로 하는 무관심형은 '매우낮음'으로 체크했다. 일의 능률을 올리는데 인간적 요소의 간섭이 일어나지 않게 작업조건을 갖추는 과업형은 '높음'으로 체크했다.

* 리더십 유형 **ENFJ**

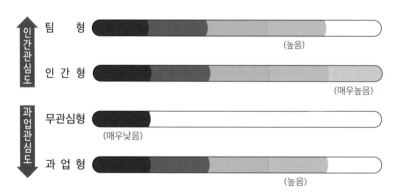

ENFJ는 과업관심도보다 인간관심도가 높다. 창의적인 아이디어를 구체화하는 세부 사항에 조금만 더 집중한다면 과업관심도를 높일 수 있다.

에피소드

ENFJ 팀장은 오전부터 바쁘다. 팀원의 부족한 점을 세심하게 챙기기 위해서는 일과에서 세심한 계획과 전략이 필요하다. 사원과 친밀한 관계를 형성하며 실적도 챙기는 것은 여간 많은 노력과 시간이 필요한 것이 아니었다. 여유 있게 진행해야지 서둘러서 되는 일이 아니었다. 아래는 오늘 진행한 각 사원과의 면담 내용이다.

① 김 사원에게 지난 실적과 현재 실적을 알려주고 어느 정도까지 정진할 수 있을지 스스로 목표를 잡을 수 있게 코치한다. 어제의 나와 오늘의 나를 비교하고 한 발 나아가도록 독려하는 것이다.

② 오 사원에게 업무자료를 프린트해서 전달하고 혼자 읽었을 때 이해에 어려움이 있는지 물었다. 이해되지 않는 항목은 줄을 치고 다음 날 ENFJ에게 물으면 알려주겠다고 말한다. 업무는 처음에는 숙지하기 어려움이 분명히 있으며 본인도 겪어본 일이라고 공감하며 편하게 물어보라는 말도 잊지 않는다.

③ 한 사원은 편안하게 회의실에 불러 이것저것 이야기한다. 시원한 커피를 한잔 하는 것도 잊지 않는다. 요즘 개인사에 이슈는 없는지 확인하기 위함이다. 보통 근태가 자주 발생하는 사원은 개인사에 문제가 있는 경우가 많았다. 부모님이나 남자친구와 별일은 없는지, 회사 업무에 어려움은 없는지 등 편안한 분위기에 물어보려 노력한다.

ENFJ 팀장은 바쁘게 사무실을 오가며 팀원 한 명 한 명에 도와줄 것은 없는지 점검했다.

사람을 중시하는 ENFJ는 타인을 지지하고 격려하며 이들에게 지시하거나 명령하기보다는 스스로 길을 찾을 수 있게 멘토나 상담 방식으로 리더십을 발휘한다. 이런 특성으로 사람보다 결과를 중시하거나 비판에 민감하다. ENFJ가 타인을 비판하지 않기에 자신이나 팀을 비판한다면 민감하게 반응할 수 있다. 동료에게 헌신하는 모습을 보이는 ENFJ는 전체 맥락을 이해하며 사람들의 동의를 얻어내고 협력을 끌어내는 능력이 있다. 이러한 이유로 동료나 팔로워와 친밀한 관계를 형성하는 인력 관리 능력이 필요한 리더의 자리에 적합할 수 있다.

⊙ ENFJ 팔로워십 유형

ENFJ는 독립/비판적 사고를 힘들어하지만, 능동적이고 열정적이며 발표 능력도 뛰어나다. 이런 점에서 모범형은 '높음'으로 체크했다. 독립/비판적 사고가 낮고 능동적이며 적극적인 순응형도 '높음'으로 체크했다. 순응형이 '매우높음'이 아닌 것은 비판에 민감한 경향이 있어 좋을 때는 좋지만, 그렇지 않으면 마음에 담아두는 경향이 있기 때문이다. 노력하지 않는 수동형은 '낮음'으로 체크했으며, 독립/비판적 사고는 높지만, 능동/적극적 참여가 낮은 소외형은 ENFJ의 성향과 정반대로 '매우낮음'으로 체크했다.

＊ 팔로워십 유형 **ENFJ**

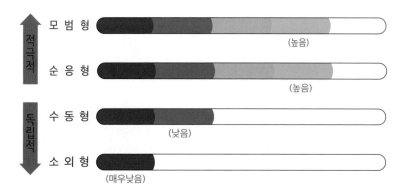

ENFJ는 독립성보다 적극성이 높다. 목표 달성의 욕구가 강하나 비판은 힘들어하므로 객관적인 수치를 보여주고 스스로 목표를 정하게 하자!

에피소드

ENFJ는 팀장의 호출에 뽀로통한 표정이다. 새로운 팀장은 대학 동창이었다. 동창들과 면접을 봤는데 ENFJ만 떨어졌다. 대학 때 부학회장도 하고 성적은 제일 좋았는데 영문을 알 수 없었다. 3개월 후에 다시 시험 봐서 합격한 ENFJ는 입사 후 황당한 말을 들었다. 자신이 강해 보여서 협력적일지 의구심을 품은 과장이 있다고 해 회사에 정나미가 떨어졌다. 그 뒤로 실적은 바닥이고 몇 번이고 근태가 발생했다.

윤 과장은 떨리는 마음으로 동창이기도 한 ENFJ를 불렀다.

> **ENFJ** (자리에 앉으며 먼저 말문을 연다) 난 실적 포기했으니까 나한테 실적 운운할 생각은 하지마!
>
> **윤 과장** ….
>
> **ENFJ** 난 이미 찍힌 몸이고, 인제 와서 실적을 관리한들 승진시키겠어? 기본급만 받을 테니까 성과급, 보너스, 이런 말도 하지 말고….
>
> **윤 과장** (실적 파일을 책상 위에 던진다) 부학회장님! 왜 이러십니까?
>
> **ENFJ** (놀란 표정으로) ….
>
> **윤 과장** 지금부터 내 얘기를 잘 들어! 넌 부학회장이었어. 그분이야? 성적 장학금도 항상 받았지! 공부도 제일 잘했어. 맞아?
>
> **ENFJ** (아리송한 표정으로 일단 듣는다) ….
>
> **윤 과장** 이 회사에 우리 학교보다 낮은 학교 출신들 뿐이야! 근데 실적으로 꼴찌를 해? ENFJ가? 이 부분이 이해되게 나한테 설명해 봐!

ENFJ 너 지금 뭐 하는 거야?

윤 과장 뭐 하는 것처럼 보여? 설명해 보라고! 네가 부족한게 뭐냐고?

ENFJ (울음을 터트리며) 처음에 나만 떨어졌어. 영문을 몰랐는데, 입사해서 보니 이미 찍혔더라고…. 그럼 어떻게 해야 했니?

윤 과장 일부러 실적관리 안 하고 한 달에도 몇 번씩 회사에 안 나오고? 그게 이유 전부야?

ENFJ 그럼 내가 어떻게 해야 하는 건데?

윤 과장 널 보여줬어야지! 얼마나 활발하고 능력 있는지, 회사에서 필요한 인력인지, 그 면접관이 '잘못 봤구나!'라고 생각하게 했어야지! 이걸 똑똑한 너한테 내가 왜 설명해야 하는건지 모르겠지만, 객관적으로 생각해 봐! 내 말이 틀렸는지….

ENFJ (비장한 표정을 지으며) 그럼 내가 어떻게 해야 하는데?

포기한 사원이던 ENFJ의 새로운 모습을 보이는 것은 시간이 필요했다. 앞으로 근태가 발생하지 않을 것, 실적을 관리할 것, 새로 들어온 팀원을 소소히 역량 안에서 챙길 것 등을 약속한다. 1년 뒤 ENFJ는 팀장이 되었다.

ENFJ는 조직에서 권력이 위협적인 느낌이 들면 심한 거부감을 보인다. 사교적이고 자기표현을 잘하는 ENFJ는 이러한 거부감도 숨기려 하지 않는다. <조해리의 창>에서 '열린 자아'의 크기를 보면 알 수 있을 것이다. ENFJ 팔로워에게는 지시하고 명령하기보다 지지하고 격려해야 함을 잊지 말자!

⊙ ENFJ 리더와 팔로워를 위한 조언

" 명상은
정신을 맑게 합니다. "

MBTI 유형에서 NF를 가지는 유형은 감정F적이며, 상대의 언행에 관해 직관N적으로 추상적인 생각을 더 해 살을 붙인다. 이것은 사실일 수도 아닐 수도 있지만, 어느 쪽이든 조직 생활에서 자신에게 좋을 것이 없다. 이때는 부기능인 직관을 건강하게 사용하는 것이 좋다. 직관을 내면으로 향하는 F(i)가 부기능인 ENFJ는 명상으로 나의 마음을 가만히 들여다보고 모든 생각을 내려놓는다.
그리고 아래 말을 천천히 따라 해봅니다.

몸아, 고맙다! 몸아, 고맙다! 몸아, 고맙다!
네가 아프다고 해도 바쁘다고 핑계 대면서 모른 척했구나! 몸아, 아팠지? 미안해!
마음아, 고맙다! 마음아, 고맙다! 마음아, 고맙다!
네가 힘들다고 해도 바쁘다고 핑계 대면서 모른 척했구나! 마음아, 아팠지? 미안해!
나는 나를 사랑합니다. 나는 나를 사랑합니다.
남들 눈에는 부족해 보이더라도 지금 이대로의 나를 사랑합니다.

그리고 3분 정도 가만히 있어 주세요!

MBTI

리더와 팔로워를 위한 체크 리스트

♥ ENFJ를 위한 체크리스트

* 리더십

자기 전 조용히 3분 이상 일과를 정리한다. ························· (예 / 아니요)

행동으로 옮기기 전에 속으로 10초를 셀 수 있다. ·················· (예 / 아니요)

현재 하는 업무의 결과를 한 번쯤 예측해 보았다. ················· (예 / 아니요)

팔로우의 이야기를 3분 이상 들을 수 있다. ······················ (예 / 아니요)

오늘도 팀의 분위기를 즐겁게 만들었다. ························· (예 / 아니요)

팀원에게 피드백하기 전에 상대의 감정을 고려할 수 있다. ·········· (예 / 아니요)

* 팔로워십

지금 하는 업무의 미래가치를 생각할 수 있다. ···················· (예 / 아니요)

리더의 전달 사항을 3분 이상 집중해서 들을 수 있다. ·············· (예 / 아니요)

나의 업무를 요약하고 정리할 수 있다. ························· (예 / 아니요)

직장 동료와 리더와의 관계가 즐겁고 쾌활하다. ··················· (예 / 아니요)

즉흥적인 대응이 누구보다 빠르다. ···························· (예 / 아니요)

때로는 나의 감정을 타인에게 오픈하지 않을 수 있다. ·············· (예 / 아니요)

♥ 주기능의 단점을 보완하고 부기능을 향상하는 방법을 하나씩 해봅니다.

♥ ENFJ를 위한 정리파일

나의 주기능(Se)은
어떤 보완할 점이 있을까요?

Fe
주기능

나의 부기능(Ti)은 의사소통에
어떤 장점을 가져다 주나요?

Ni
부기능

♥ 당신의 주기능과 부기능의 건강한 성장을 응원합니다.

INFJ

인간적인 도움러

♥ INFJ 의사소통 스타일

진정성 있는

완고한

천천히 표현하는

미래 지향적인

잠재력을 중시하는

거시적인 관점

교육하는

조용한

♥ INFJ '조해리의 창'

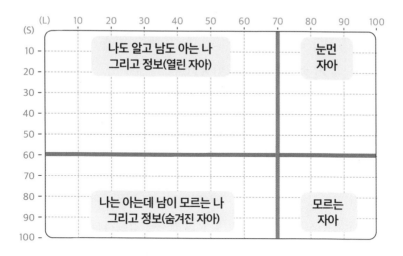

늘 타인에게 헌신하고 도와주는 INFJ는 부기능이 F(e)이기 때문에 자신과 타인의 감정을 잘 감지한다. 나도 알고 남도 아는 나 그리고 정보(열린 자아)의 크기가 가장 클 것이다. 또한, 타인의 말을 경청하기 때문에 나는 모르고 남이 아는 나 그리고 정보(눈먼 자아)는 작으며 나는 아는데 남이 모르는 나 그리고 정보(숨겨진 자아)가 크지 않을 것이다. 이에 S는 60점, L은 70점으로 기재했다. 이는 자기 오픈보다 타인의 말을 경청하는 특성을 반영했다. S 점수의 '자기노출'보다 L 점수의 '피드백'이 더 높을 수 있으니 참고하자!

> ♥ <조해리의 창> 결과는 MBTI 특성에 따른 예측치이므로 참고하자!

⊙ **INFJ 유형 특징**

> 헌신적이고
> 가치를 중요시하며
> 진정성 있다

INFJ는 직관과 함께 감정이 필요한 직업에서 강점을 보인다. 이들은 가치가 있다고 여기는 일에 매우 헌신적이며 타인에게 진정성 있게 다가선다. 헌신적인 모습으로 타인의 협조를 강요하지 않고도 잘 이끈다. 헌신과 가치가 필요한 종교 분야, 사회복지 분야, 상담 및 교육 분야에서 강점을 보인다. 복잡한 개념을 체계적으로 통합하는 통찰력을 가지며 창의력 있는 아이디어를 제시한다. 또한 업무에 조직적으로 임하며 목표를 달성하고자 하는 의욕이 강하다. 그러나 예술적이고 종교적인 가치가 강한 INFJ는 현실적이고 객관적인 업무에 약한 점이 있다.

좋고 나쁜 성격은 없다. 이 설명은 해당 유형의 특징이며, 장단점을 의미하는 것이 아님을 참고하자!

♥ INFJ 주기능과 부기능

 주기능

INFJ의 주기능은 직관으로 에너지를 자기 내부(i)로 사용
한다. 장기적인 비전과 미래지향적인 아이디어를 선호하
며, 인간의 성장에 의미를 두는 것은 이 때문이다. 관점이
거시적이며, 개성 있는 의견을 존중한다.

 부기능

INFJ 주기능의 단점을 보완하기 위해 감정을 외부(e)로
사용하는 것이 부기능이다. 인간관계를 중시하며, 자신과
타인의 성장을 독려한다. 타인과의 관계에서 신뢰가 형성
되고 조화로움을 추구하며, 조용히 지지하고 격려한다.

TIP

주기능이 N이면서 부기능이 F인 INFJ는 직관과 감정을 중시해 상대방의
진정성을 바로 알아차린다. INFJ와 대화할 때는 진정성 있게 다가가는 것
이 좋다. 그들의 촉은 타인의 위선을 바로 알아차릴 수 있으니 주의하자!

⊙ INFJ 리더십 유형

INFJ는 업무에 관한 의지가 높아 구성원이 조직 목표를 달성하게 하는 팀형은 '높음'으로 체크했다. 거시적인 관점으로 장기적인 목표를 세우고 팀원을 독려하는 장점이 있다. 인간관계를 잘 유지하며 팔로워의 요구에 주의를 기울여 업무하는 인간형은 '높음'으로 체크했다. 맡은 바 임무를 최소한으로 하는 무관심형은 '매우낮음'으로 체크했으며 일의 능률을 올리는데 인간적 요소의 작업조건을 갖추는 과업형은 '매우높음'으로 체크했다. 이는 장시간 혼자 생각해 큰 그림을 그리며 통합하는 특성을 반영한 것이다.

＊ 리더십 유형 `INFJ`

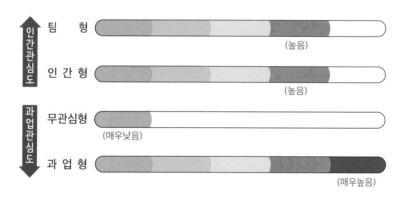

INFJ는 인간관심도보다 과업관심도가 높지만 때로 가치나 목표에 완고할 수 있어 업무에 객관적으로 접근한다면 인간관심도를 높일 것이다.

에피소드

INFJ 과장은 김 사원을 호출했다. 시원한 커피 한잔과 함께 회의실에서 마주 앉았다. 김 사원은 활달하고 적극적인 사원으로 업무를 가리지 않고 열심히 해서 동기 중 가장 빠르게 승진했다. 그런데 최근 1~2개월 사이에 현저히 실적이 떨어졌다. 잠깐 실적은 떨어질 수 있지만 2개월이 넘도록 제자리걸음이다. 커피를 마시며 요즘 회사생활은 어떤지, 아침은 먹고 다니는지, 집은 어디쯤인지 등 소소한 일상을 나누었다. 커피가 반쯤 남았을 때 김 사원이 묻는다.

> **김 사원**   그런데, 과장님! 제게 뭐 하실 말씀이 있으신가요?
>
> **INFJ**   하하! 제가 불렀는데 본론을 말하지 않는 것 같나요?
>
> **김 사원**   (머리를 긁적이며) 아니, 뭐 그렇다기보다는요.
>
> **INFJ**   제가 왜 불렀을 거 같아요?
>
> **김 사원**   (머뭇거리다가) 실적… 때문이 아닐까요?
>
> **INFJ**   (의미심장하게 웃으며) 이직하려는 회사가 어디예요?
>
> **김 사원**   (눈을 동그랗게 뜨고 반문한다) 네?
>
> **INFJ**   회사 그만두려는 거 아니에요?
>
> **김 사원**   (당황해하며 상황을 파악하다가) 윤 사원이 말했어요?
>
> **INFJ**   윤 사원한테는 말했나 봐요.
>
> **김 사원**   네?
>
> **INFJ**   지금부터 이직하려는 회사 조건을 허심탄회하게 말해봐요. 직장

선배로서 괜찮은 직장인지 판단해 줄게요. 그런데, 우리 회사보다 조건이 좋지 않으면 반대할 거예요. 괜찮은 곳인가요?

INFJ는 급여, 근무조건, 복리후생을 꼼꼼하게 물으며 조언했다. 처음에는 당황한 김 사원도 이것저것 궁금한 것을 물어보고 고민되는 점도 털어놓았다. INFJ는 객관적으로 우리 회사와 이직하려는 회사의 장단점을 비교해서 설명했다.

김 사원   감사해요. 이것저것 궁금했는데 어디 물어볼 데도 없고 고민만 하던 차였어요.

INFJ   평생 회사는 없어요. 이제는 회사가 날 선택하는 것이 아니라 내가 회사를 선택하는 시대죠. 하지만, 우리 회사는 김 사원만 승진시킬 정도로 신뢰하고 있어요. 그 점을 꼭 고려해주세요.

NF가 주기능과 부기능인 유형은 특유의 촉이 발달했다. 객관적 자료를 살펴서 그것이 의미하는 이면의 의미를 알아차린다. INFJ는 사람과 깊게 관계하며 비록 리더로 만났지만, 그들을 진정으로 돕기를 바란다. 이 에피소드에서 INFJ는 김 사원의 퇴사를 막으려는 것이 주목적이 아닌 순수하게 돕고자 하는 진정성을 보였다. 이것이 INFJ의 진심이다. 리더도 항상 회사의 편만 드는 것은 아니다. 도움이 필요하다면 INFJ 리더에게 고민을 털어놓아 보자!

♥ INFJ 팔로워십 유형

INFJ는 독립/비판적인 사고가 낮지만, 능동/적극적 참여는 높아 모범형은 '보통'으로 체크했다. 독립/비판적 사고가 낮고 능동/적극성이 높은 순응형은 '높음'으로 체크했다. 이는 조화로운 관계를 추구하지만, 능동/적극성이 빠르지는 않을 수 있어 이를 반영한 것이다. 방관하는 자세인 수동형은 '낮음'으로 체크했으며 독립/비판적 사고가 높으며 능동/적극적 참여가 낮은 소외형은 '매우낮음'으로 체크했다. INFJ는 독립적이지 않지만, 완전히 순응적이라고 보기엔 자신만의 가치를 중시하며 독특하고 창의적인 성향이 있어 이를 반영했다.

＊ **팔로워십 유형** `INFJ`

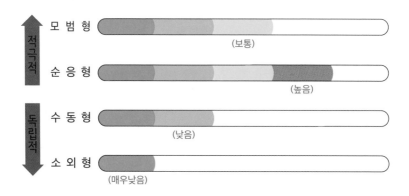

INFJ는 업무에는 적극적이지만 상당히 독특하며 자기를 표현하지 않아 이끄는 리더에 따라 역량이 달라질 수 있다.

에피소드

윤 과장은 새로 들어온 INFJ를 면담했다. 수많은 사람을 면담하고 면접을 진행한 윤 과장으로서는 처음 보는 캐릭터에 놀라지 않을 수 없었다. 무엇을 묻든 단답형으로 대답하는 INFJ는 그렇다고 기분 나쁘게 무뚝뚝한 표정은 또 아니다. 웃으며 답하는데 단답형이고 도통 다음으로 대화가 이어지질 않았다. 그러면서도 윤 과장에게 적대적인 느낌은 없었다.

'내성적인 사원이구나!' 생각하고 회식에서 술을 권했다. 보통 한두잔하면 거리감이 줄어들고 다음 날부터 편안해지기 마련이다. 그런데 술도 웃으며 마다한다. 못 마신단다. 윤 과장은 처음보는 캐릭터에 '어! 이거 봐라!'하고 속으로 생각한다.

차를 마시며 진행한 따뜻한 면담도, 술과 함께 한 화끈한 회식도 모두 먹히지 않았다. 그 뒤로 윤 과장은 며칠 INFJ를 지켜보다 아침마다 말을 걸기로 한다.

> **윤 과장**   아침은 먹고 다녀요?
> **INFJ**   아니요!
> **윤 과장**   배고프지 않아요?
> **INFJ**   배고파요!

3일 동안 '아침은 먹고 다녀요?'의 질문에 웃음만 보이던 INFJ가

처음으로 답했다. 그런데 이것도 난감하다. 보통은 아침을 먹고 오지 않았어도 뒤의 불필요한 대화를 피하려고 먹고 왔다고 할 텐데…. 안 먹고 왔고 거기다 배고프다고 하면 윤 과장과 대화가 껄끄럽지는 않은가 보다. '좋은 신호인가?' 생각하며 또 묻는다.

윤 과장	그럼 아침 먹고 오지. 밥이 없었나?
INFJ	네!
윤 과장	그럼 아침 먹고 오지. 밥이 없었나?
INFJ	네!
윤 과장	그럼 밥솥은 있어요?
INFJ	네!
윤 과장	밥은 할 줄 알아요?

면담할 때 자취한다던 말이 떠올랐다. 밥할 줄 모른다는 INFJ의 말에 지금 대화가 일상적인 대화가 아닌 사실(fact)을 말하고 있음을 느꼈다. 윤 과장은 차근차근 쌀을 사는 것부터 밥하는 것까지 알려준다. 메모지에 적어서 내일은 꼭 밥 먹고 오라고 한다. 다음날 INFJ에게 '아침은 먹고 왔어요?'라고 묻자, 웃으며 도시락을 꺼내 보여준다. 그 뒤로 살갑게 변하지는 않았지만, 더 편안한 웃음을 보여주었다.

INFJ는 천천히 자신을 표현한다. 그러니 속도가 느리더라도 리더가 INFJ의 속도에 맞추자! 계속해서 두드리면 언젠가는 열린다. 아주 조금이긴 하지만 말이다.

⊙ INFJ 리더와 팔로워를 위한 조언

" 가끔은
　　　　표현해봐요. "

사회생활에서 말이 너무 많은 것도 문제지만, 말이 너무 없는 것도 좋지 않다. 그렇다고 늘 조용히 웃으며 지내는 INFJ에게 적대감을 표현하는 사람은 없겠지만, 가끔은 무엇이든 괜찮으니 표현해 보자. 믿기지 않겠지만, INFJ의 부기능은 F(e)로 감정을 외부로 표현하는 것이다. 나의 성장을 위해 오늘도 나의 감정을 조금씩 표현해 보자! 괜찮다! 당신의 속마음을 다른 사람이 안다고 해서 달라지는 것은 없다. 그들도 당신의 감정표현을 기다릴 것이다. 하루에 한 발짝씩 천천히 해도 좋다! 동료들은 기다려줄 테니 말이다.

MBTI

리더와 팔로워를 위한 체크 리스트

♥ INFJ를 위한 체크리스트

＊ 리더십

현재 하는 업무의 결과를 한 번쯤 예측해 보았다. ···················· (예 / 아니요)

일과를 자기 전 조용히 3분 이상 정리한다. ····················· (예 / 아니요)

의견을 공유할 때 객관적인 자료를 찾으려고 노력한다. ············ (예 / 아니요)

하고자 하는 말을 5분 이내로 줄일 수 있다. ···················· (예 / 아니요)

가끔은 나와 가치가 다른 타인의 말을 수용할 수 있다. ············ (예 / 아니요)

직관을 너무 많이 사용하지는 않는지 간혹 생각한다. ············· (예 / 아니요)

＊ 팔로워십

동료의 이야기를 3분 이상 들었다. ························· (예 / 아니요)

오늘 할 일을 모두 마쳤다. ····························· (예 / 아니요)

업무에 실수한 내용은 파일이나 메모장에 적어둔다. ············ (예 / 아니요)

오늘 하루 올라왔던 감정을 추스르는 시간을 갖는다. ············ (예 / 아니요)

내일 할 일을 미리 생각할 수 있다. ························· (예 / 아니요)

직장 동료와 리더와의 관계가 즐겁고 쾌활하다. ·············· (예 / 아니요)

💛 주기능의 단점을 보완하고 부기능을 향상하는 방법을 하나씩 해봅니다.

⊙ **INFJ를 위한** 정리파일

> ### 나의 주기능(Ni)은
> ### 어떤 보완할 점이 있을까요?
>
> **Ni**
> 주기능

_____

_____

_____

_____

> ### 나의 부기능(Fe)은 의사소통에
> ### 어떤 장점을 가져다 주나요?
>
> **Fe**
> 부기능

_____

_____

_____

_____

> 💗 당신의 주기능과 부기능의 건강한 성장을 응원합니다.

ENFP

열정적인 공감러

♥ ENFP 의사소통 스타일

협력하는

친근한

자유로운

잠재력을
알아차리는

활발한
상호작용

다양한
아이디어

공감하는

적극적인

💙 ENFP '조해리의 창'

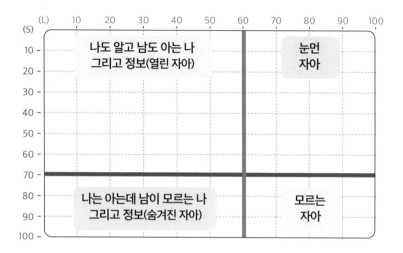

밝고 분위기를 주도하는 ENFP는 타인에게 공감을 잘하지만 의외로 경청이 힘들다. 함께 이야기를 나누고 세부사항에 관해 기억하지 못하는 것은 이런 특성 때문이다. 나도 알고 남도 아는 나 그리고 정보(열린 자아)는 크지만, 나는 모르고 남이 아는 나 그리고 정보(눈먼 자아)는 예상보다 클 수 있다. 타인에게 자기 오픈을 잘하기 때문에 나는 아는데 남이 모르는 나 그리고 정보(숨겨진 자아)는 더 작을 것이다. 이에 S는 70점, L은 60점으로 기재했다. S 점수의 '자기노출'이 L 점수의 '피드백'보다 높을 수 있으니 참고하자!

> 💙 <조해리의 창> 결과는 MBTI 특성에 따른 예측치이므로 참고하자!

♥ **ENFP 유형 특징**

> ## 즐겁고 창의적인
> ## ENFP의 세상에
> ## 불가능은 없다

기존의 틀을 깨는 혁신적이며 창의적인 ENFP는 새로운 시도를 두려워하지 않는다. 의사소통 능력이 뛰어나며, 특히 타인에게 동기부여를 통해 열정을 불러일으키는 능력이 있다. 문제에 유연하게 접근하며 흥미 있는 일은 빠르게 습득하며 거시적인 시각으로 해결점을 찾는다. 창의적이고 열정적인 이들은 인간관계도 중요시하기 때문에 즐거운 분위기를 연출한다. 창의력이 필요한 크리에이티브 분야, 마케팅이나 기획 분야, 인간적인 면을 중시하는 교육·상담 분야에서 강점을 보인다. 다만 열정적인 에너지 소모로 마무리가 부족할 수 있으며, 즉흥적으로 계획을 변화시킬 수 있어 주의가 필요하다.

♥
좋고 나쁜 성격은 없다. 이 설명은 해당 유형의 특징이며, 장단점을 의미하는 것이 아님을 참고하자!

♥ ENFP 주기능과 부기능

🎖 주기능

ENFP의 주기능은 직관N으로 에너지를 자기 외부(e)로 사용한다. 다양성에 열려있으며, 타인의 가능성을 발견하고 동기부여 하는 것을 즐긴다. 새로운 가능성과 아이디어에 열정이 있으며, 자유롭게 접근하는 것을 선호한다.

🎖 부기능

ENFP 주기능의 단점을 보완하기 위해 감정을 내면(i)으로 사용하는 것이 부기능이다. 따뜻하게 배려하며 타인에게 친절하고 공감한다. 관계에서 갈등을 해결하려는 것은 감정이 부기능이기 때문이다. 지시보다 멘토가 되어준다.

TIP ⚠

주기능이 N이고 부기능이 F인 ENFP는 열정적이며 미래에 긍정적이다. 그러나 구체적이고 현실적인 계획에 약해 자칫 일만 벌이고 수습이 되지 않을 수 있어 주의가 필요하다. 간단하게라도 구체적인 계획을 설계하자!

⊙ ENFP 리더십 유형

ENFP는 업무 의지가 높고 조직 목표를 달성하는 팀형은 '매우높음'으로 체크했다. 이들은 열정적으로 목표에 임하며 타인의 가능성을 발견해 독려한다. 인간관계를 잘 유지하며 즐거운 분위기를 형성하는 인간형은 '높음'으로 체크했다. 이는 권위적인 분위기에서 위축되고 자신의 어려움을 감정적으로 토로하는 ENFP의 성향을 반영한 것이다. 맡은 바 임무를 최소한으로 하는 무관심형은 '매우낮음'으로 체크했으며, 일의 능률을 올리는데 인간적 요소에 의한 간섭을 조절해 작업조건을 갖추는 과업형은 '매우높음'으로 체크했다.

＊리더십 유형 ENFP

ENFP는 인간관심도와 과업관심도가 모두 높다. 하나를 마무리하고 다른 하나를 시작한다면 일관성 있는 리더로 한 발 더 성장할 것이다.

에피소드

ENFP는 팀장들과 함께 미팅 중이다. 이번에 팀 인원이 대폭 늘면서 신입사원의 비율이 높아졌다. 이에 따라 이직률이 상승하는 이슈가 있어 팀장들과 함께 고민 중이다.

ENFP   오늘 날짜로 이번 달 이직률이 10%를 넘었습니다. 팀원이 업무적으로 어떤 점이 힘든지 면담 진행하셨을까요?

김 팀장   저희 팀은 5명 진행했고, 이번 주에 남은 5명 진행 예정입니다.

우 팀장   저희 팀은 모두 진행했어요.

신 팀장   저희 팀은 3명 진행했고, 이번 주에 남은 9명 진행하겠습니다.

ENFP   신 팀장님! 미루다가 회사에 안 나올 수 있어요. 현재까지 3팀 이직률이 20%입니다. 다른 업무 미루시고 면담 진행해 주세요.

신 팀장   알겠습니다.

ENFP   신입사원들이 어떤 점을 가장 힘들어하는지 의견을 말하나요?

우 팀장   아직 신입이라 저희를 많이 어려워합니다. 그렇지 않은 사원도 있지만 대부분 말하기 어려워해요. 아무래도 팀장과 사원 간에 팀워크를 다지는 시간이 필요해 보입니다.

ENFP   그렇죠? 그래 보여요. 팀장님들도 신입사원 비율이 높아져서 교육이다 뭐다 업무도 많아지고 힘드시죠? 우리 한번 다 같이 팀워크를 다져볼까요?

우 팀장   다 같이요? 어떻게?

때마침 연말이라 캐럴이 흘러나오고, ENFP 그룹의 100여 명이 한 호프집에 모였다. 신입사원들은 치킨에 맥주 한잔하나보다 하며 퇴근 후 하나둘 모였다. 사회를 맡은 A 사원이 마이크를 집어 들었다.

A 사원   안녕하세요~ 여러분! 오늘 사회를 맡은 OOO입니다. 올해 OOO 그룹의 전체 회식을 시작하겠습니다. 다 같이 박수!
(박수 소리와 함께) 그럼, 오늘의 첫 시작은 팀장님과 과장님의 장기자랑으로 시작하겠습니다. 자! 팀장님들 나와주세요!

팀장들과 ENFP는 무대 가운데 포즈를 잡고 서 있다. 강렬한 비트의 음악이 시작되면서 안무가 시작된다. 박자에 맞추어 팀장들이 안무를 시작하자, 어리둥절했던 신입사원들의 함성이 울려 퍼졌다. 마지막은 팀장들이 아이디어를 낸 차력 쇼로 마무리했다. 그렇게 강렬하게 시작한 전체 회식은 그날 밤 화끈하게 계속됐다.

다음 날, 팀원과 팀장의 얼굴이 모두 환해졌고 ENFP에게 신입사원들이 활짝 웃으며 인사를 건넨다. 전체 회식의 효과가 그리 길지 못하겠지만, 캐럴이 퍼지는 그즈음에는 이직이 더 이상 나오지 않았다.

이직이 왜 발생할까? 급여? 복리후생? 업무강도? 가끔은 이성적인 답이 필요 없을 때도 있다. 필자의 13년 회사생활 중에서 가장 효과적인 사원과 팀장의 정서관리 방안 중 하나는 어떤 방식으로든 신나는 에너지를 불어넣는 것이다. 신나게 일하는 리더와 함께라면 더 신나게 일할 수 있지 않을까?

⊙ ENFP 팔로워십 유형

ENFP는 독립/비판적 사고는 높지 않으나 능동/적극적 참여가 높아 모범형은 '높음'으로 체크했다. ENFP의 열정은 어느 유형보다 높아 이를 반영했다. 독립/비판적 사고는 낮으나 능동/적극성이 높은 순응형은 '매우높음'으로 체크했다. 조직에서 모두 힘들어할 때 웃으며 타인을 독려하는 유형이 ENFP이기도 하다. 방관하는 수동형은 '매우낮음'으로 체크했으며, 독립/비판적 사고는 높지만, 능동/적극적 참여가 낮은 소외형은 '보통'으로 체크했다. 비판적이지는 않지만, 사람들을 좋아하나 독립적인 시간이 필요한 성향을 반영했다.

＊ 팔로워십 유형 `ENFP`

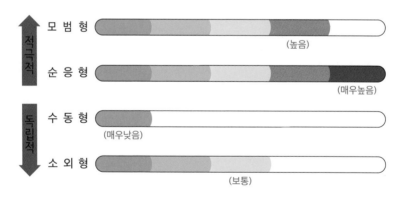

ENFP는 적극적이며 순응적이기도 하므로 열정적인 면을 리더가 조율할 필요가 있을 수 있으니 참고하자!

에피소드

신입사원인 ENFP는 실적이 좋아 다른 팀으로 승진했다. 새로 발령받은 팀은 여러 가지 업무를 조율해서 해야 하는 팀이었다. 발령받은 첫 날 팀장과 면담 중이다.

> **윤 대리** 아시겠지만, 우리 팀은 우수사원만 모인 팀이에요. 다양한 업무를 맡아서 하는데, 잘 조율해서 팀에 누가 되는 일이 없었으면 해요.

듣던 대로 실적을 중시하는 팀장님은 첫날부터 압박을 시작했다. ENFP의 열정이 타오르기에 충분했다. 팀장이 알려준 업무 중 가장 중요한 업무라고 강조한 것을 먼저 진행해야겠다고 마음을 먹었다.

그날부터였다. ENFP는 우수사원만 모여있는 이 팀의 기록을 깨고 싶었다. 점심시간에도 퇴근 시간 이후에도 최선을 다해서 열심히 일했다. 실적은 급상승하며 올라갔고 팀장도 ENFP의 실적에 감탄하며 놀라워했다.

그렇게 두어 달이 흐르고, ENFP는 감기에 걸렸다. 처음에는 평범한 감기려니 생각했는데, 감기는 더 심해져서 말도 못 하는 상태에 이르렀고 더 심해져만 갔다. 병원에 가서 약을 먹고 링거를 맞아도 소용이 없었다. 결국에는 근무하기 어려운 지경에 이르렀다. 2~3일 정도 병가를 내어 쉰 ENFP는 다음 날 출근해서 팀장에게 간다.

ENFP 대리님! 저 아무래도 퇴사해야 할 거 같아요.

윤 대리 갑자기 무슨 말이에요?

ENFP 2~3일 쉬었는데 몸이 나아지질 않아요. 목에 염증이 생겨서 수술해야 할 거 같다고 이비인후과에서 말씀하시더라고요. 더 쉬어야 할 거 같아서 말씀드려요.

윤 대리 아! 그러면 저희 쪽에 병가가 있어요. 더 푹 쉬고 나오면 되니까 걱정하지 말아요. 퇴사한다고 해서 깜짝 놀랐어요.

ENFP는 염증이 심한 인후염을 수술하고 한 달의 병가를 써서 휴식기를 가진 후에야 출근할 수 있었다.

인생에서 '열정'은 꼭 필요하다. 어떤 일에 애정을 가질 수 있고, 어떤 일에 희생적으로 임할 수도 있다. 그리고 나를 성장하게 하는 비결이기도 하다. 그러나, 언제나 항상 좋기만 한 것은 아무것도 없다. 열정은 나를 성장하게 하지만, 나에게 독이 될 수도 있다. 나의 한계를 인지하고 그 한계 내에서 열정적일 때 우리는 더 잘 성장한다. 오늘도 나의 열정을 다독이며 나아갈 수 있는가 고민할 필요가 있다.

⊙ ENFP 리더와 팔로워를 위한 조언

" 열정적이지만
그 열정을 조율한다. "

열정은 우리를 성장하게 한다. 가끔은 도파민을 증폭시키고, 인생을 신나게 하며 그 인생에서 불타오르는 힘을 느끼게 한다. 열정은 ENFP의 동력과도 같다. 그래서 ENFP는 감정을 내면으로 향하는 부기능 F(i)를 개발하며 성장한다. 열정에 끌려가는 것이 아닌 열정을 조율할 수 있을 때 ENFP는 그 안에서 한발 더 나아간다. 가끔은 빨리 가는 것이 아닌 천천히 더 오래가는 것이 먼 미래에 성장한 나를 만나는 길이기도 하다. 오늘 하루는 하루만큼만 열정적으로 임하자! 그래야 내일을 맞이할 수 있다.

MBTI

리더와 팔로워를 위한 체크 리스트

♥ ENFP를 위한 체크리스트

---

* 리더십

오늘도 팀의 분위기를 즐겁게 만들었다. ·· (예 / 아니요)

나의 열정을 타인에게 강요하지 않는다. ······································ (예 / 아니요)

자기 전 조용히 3분 이상 일과를 정리한다. ································· (예 / 아니요)

업무에 관한 내용을 주기적으로 정리한다. ································· (예 / 아니요)

나의 의견을 공유할 때 객관적인 자료를 찾으려고 노력한다. ········· (예 / 아니요)

하고자 하는 말을 5분 이내로 줄일 수 있다. ······························ (예 / 아니요)

---

* 팔로워십

지금 하는 업무의 미래가치를 생각할 수 있다. ····························· (예 / 아니요)

직장 동료와 리더와의 관계가 즐겁고 쾌활하다. ························· (예 / 아니요)

업무에 실수가 있다면 <체크 리스트>를 작성할 수 있다. ············· (예 / 아니요)

오늘 할 일을 모두 마쳤다. ·· (예 / 아니요)

오늘 하루 올라왔던 감정을 추스르는 시간을 갖는다. ················· (예 / 아니요)

내일 할 일을 미리 생각할 수 있다. ·· (예 / 아니요)

♥ 주기능의 단점을 보완하고 부기능을 향상하는 방법을 하나씩 해봅니다.

♥ **ENFP**를 위한 정리파일

나의 주기능(Ne)은
어떤 보완할 점이 있을까요?

Ne
주기능

나의 부기능(Fi)은 의사소통에
어떤 장점을 가져다 주나요?

Fi
부기능

당신의 주기능과 부기능의 건강한 성장을 응원합니다.

INFP

창의적인 지지러

❤ INFP 의사소통 스타일

따뜻한

융통성
있는

잠재력을
깨우는

미래를
생각하는

깊이있게
관계하는

가치를
중시하는

경청하는

차분한

💜 **INFP '조해리의 창'**

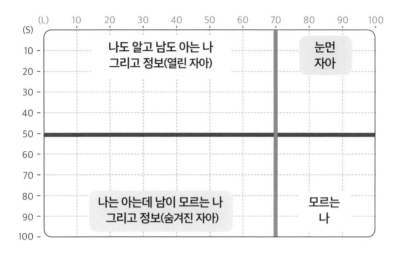

ENFP보다 타인의 말을 더 경청하는 INFP는 그러나 자기 오픈은 더 어려운 유형이다. 이에 나도 알고 남도 아는 나 그리고 정보(열린 자아)는 ENFP보다 작을 수 있다. 나는 모르고 남이 아는 나 그리고 정보(눈먼 자아)는 ENFP보다 클 것이다. 나는 아는데 남이 모르는 나 그리고 정보(숨겨진 자아)도 더 커질 수 있다. 자기 오픈이 쉽지 않으니 이를 반영한 것이다. 이에 S는 50점, L은 70점으로 기재했다. L 점수의 '피드백'이 S 점수의 '자기노출'보다 높을 수 있으니 참고하자!

💜 <조해리의 창> 결과는 MBTI 특성에 따른 예측치이므로 참고하자!

♥ INFP 유형 특징

> 창의적이고
> 타인에게 헌신하며
> 유연하다

주기능과 부기능이 NF이면서 I 성향을 가진 INFP는 INFJ와 마찬가지로 인간의 '개인적 가치'에 큰 의미를 두며 사람의 잠재력을 발휘하도록 동기부여 하는 능력이 뛰어나고 헌신적이다. 직업적으로 살펴보면, 종교나 교육, 상담, 의료 분야에서 강점을 보인다. INFJ와 다른 점은 P의 성향인데, 이 때문에 새로운 가능성이나 변화에 유연하게 대처하며 열린 사고방식으로 업무에 접근한다는 점이다. 이들은 혁신적인 아이디어를 생각해내며, 조직의 큰 그림을 살피는 성향이 있다. 다만 장기적인 비전과 미래를 생각하다 현실적이거나 구체적인 방안에 관해 부족할 수 있어 주의가 필요하다.

♥ 좋고 나쁜 성격은 없다. 이 설명은 해당 유형의 특징이며, 장단점을 의미하는 것이 아님을 참고하자!

❤️ INFP 주기능과 부기능

 주기능

INFP의 주기능은 감정F으로 에너지를 자기 내면(i)으로 사용한다. 조용히 타인의 말을 경청하며, 인간관계에서 의미를 찾으려고 한다. 넓은 관계보다 깊이 있는 관계를 선호하며, 타인에게 맞추려고 노력한다.

 부기능

INFP 주기능의 단점을 보완하기 위해 직관N을 외부(e)로 사용하는 것이 부기능이다. 미래의 가능성을 중요시하고, 자신의 가치를 중요하게 생각한다. 독특한 아이디어를 존중하며, 관계에서 진심과 감사를 표현하는 것을 선호한다.

> **TIP**
> 주기능이 F이고 부기능이 N인 INFP는 자기 개성을 무시하거나 갈등을 유발하는 것에 민감하다. 당신이 INFP의 개성을 인정하지 않는다면 관계적으로 발전하기 힘들 수 있다. N과 F가 주기능과 부기능인 유형은 다른 사람의 언행에 관한 속뜻을 비범하게 알아채니 주의하자!

⦿ INFP 리더십 유형

INFP는 업무에 관한 의지가 높아 구성원이 조직 목표를 달성하게 하는 팀형은 '보통'으로 체크했다. 이들은 조직이 화합하고 목표 달성을 위해 조력하지만, 조용히 보이지 않게 활동한다. 인간관계를 잘 유지해 나가며 즐거운 분위기를 형성하는 인간형은 '높음'으로 체크했다. 맡은 바 임무를 최소한으로 하는 무관심형은 '낮음'으로 체크하고 일의 능률을 올리는데 인간적 요소에 의해 간섭이 일어나지 않는 작업 조건을 갖추는 과업형은 '높음'으로 체크했다. 이는 인간적 요소는 주의하여 살피지만, 체계적이지 못한 INFP의 특성을 반영한 것이다.

* 리더십 유형 (INFP)

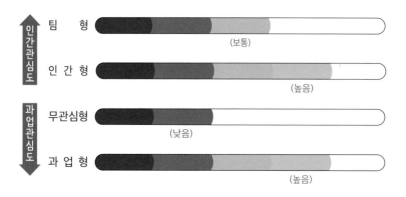

INFP는 과업관심도보다 인간관심도가 높다. 팔로워를 비판하기 힘들다면 객관적 수치로 전달하자. 감정을 배제하면 표현하기 더 쉬울 것이다.

에피소드

점심시간에 박 사원이 INFP 과장에게 와서 말한다. 박 사원은 팀에서
가장 밝은 사원 중 하나였다.

> **박 사원**   과장님! 김 사원은 대체 왜 그런지 모르겠어요. 신입사원이 뭘 물
> 으면 쳐다보지도 않고 대답도 없어요. 지난번에 김 사원 옆에 앉았
> 던 신입사원 며칠 나오다 퇴사했잖아요. 내가 신입사원이라도 김
> 사원 같은 기존사원은 힘들 거 같아요.
>
> **INFP**   그게 무슨 말이에요? 김 사원이 신입사원한테 그래요?
>
> **박 사원**   네! 말해 뭐해요. 근무 시간에 자기 일 방해된다고 엄청 짜증 내요.
> 저렇게 하는데, 실적 좋다고 설마 대리로 승진하는 건 아니겠죠?

INFP는 김 사원이 개인주의적인 성향이 있다는 것은 알고 있었
지만, 이 정도일 줄은 몰랐다. 그러고 보니, 김 사원 옆에 앉았던 신입
사원이 두 명이나 퇴사한 것이 떠올랐다.
다음 날, INFP는 김 사원에게 면담을 요청한다.

> **김 사원**   과장님이 웬일이에요? 근무 시간에 절 다 불러주시고….
>
> **INFP**   (다짜고짜) 승진하고 싶어요?
>
> **김 사원**   ….
>
> **INFP**   승진이 목표냐고 묻는 거예요.

김 사원	음, 승진하면 좋죠. 왜요? 승진시켜 주시려고요?
INFP	승진할 때 가장 중요한 게 뭐라고 생각해요? 실적, 나에 대한 평판, 근무태도, 열정, 과장의 평가?
김 사원	내 평판이 별로예요?
INFP	승진이 목표인가? 지금도 괜찮은가? 이쯤에서 목표를 정해야 할 거 같아 묻는 거예요. 계속 승진 못하면 영원히 안 되는 거 알죠?
김 사원	뭘 바꾸면 되는데요?

INFP는 두 가지를 제안한다.

첫째, 본인 실적이 아닌 신입사원을 먼저 챙긴다.

둘째, 출퇴근할 때 주변 동료와 친근하게 인사한다.

INFP	두 가지를 6개월만 해요. 본인의 평판을 먼저 바꾸면 승진 기회가 왔을 때 내가 도와줄게요.

김 사원은 INFP 과장에게 약속하고 돌아갔다. 다음 날부터 180도 바뀐 김 사원의 태도에 팀원들은 어리둥절했다. 이후로 김 사원은 실제로 3개월 만에 승진하는 쾌거를 기록한다.

때로 리더십은 창의력을 필요로 한다. 팔로워가 원하는 것을 볼 수 있다면 접근 방법은 다양하다. 다른 사람의 잠재력을 보며 작은 의견도 경청하는 INFP는 그것이 가능하다. 서로 윈윈하는 방법이 있다면 활용하자!

◉ INFP 팔로워십 유형

INFP는 독립/비판적 사고와 능동/적극적 참여가 모두 높은 모범형은 '보통'으로 체크했다. 이들은 비판적 사고가 어렵고 적극적이기보다 조용히 기여하는 특성이 있다. 독립/비판적 사고가 낮고 능동/적극성이 높은 순응형은 '높음'으로 체크했다. 업무에 방관하는 수동형은 '낮음'으로 체크했으며, 독립/비판적 사고는 높지만, 능동/적극적 참여가 낮은 소외형도 '낮음'으로 체크했다. INFP는 독립적이기보다 동료애를 가지고 업무에 임하며 함께 하는 동료들에게 충성하는 경향을 보여 이를 반영했다.

* **팔로워십 유형** `INFP`

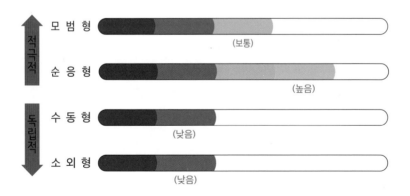

INFP는 적극적이지만 독립적인 성향은 아니다. 팀원과 함께 목표를 잡아 함께 처리하는 업무에 투입한다면 시너지를 발휘할 수 있을 것이다.

에피소드

윤 과장은 INFP와 함께 점심시간에 담소를 나누는 중이다. 실적이 꽤 좋지만, 늘 승진에 누락되는 INFP가 안타까웠다.

> **윤 과장** INFP, 이제 승진할 때도 됐는데….
>
> **INFP** ….
>
> **윤 과장** 참, 본사에서 어제 공지된 게 있는데…. 사내 업무 관련해서 아이디어를 모집한다고 해요. 상금도 꽤 크던데 한번 도전해 볼래요?
>
> **INFP** 어떤 아이디어인데요?
>
> **윤 과장** 왜 그런 거 있잖아! '이건 왜 이렇게 할까? 저렇게 하면 정말 쉬울 텐데….' 하는 고구마 먹은 느낌의 프로세스 있잖아요. 그런 의견 내달라는 거죠.
>
> **INFP** 떠오르는 건 없는데, 한번 생각해 볼게요.
>
> **윤 과장** 승진이 다는 아니지만, 다들 이런 기회는 바쁘다면서 등한시하는데 여기에서 빛을 발한다면 경쟁에서 한 발 나갈 수 있지 않겠어요? 간단하게 적어 주면 기획안은 내가 작성할게요. 이번 주 내로 주면 돼요.

온라인 쇼핑몰을 운영하는 회사에서 근무하던 INFP는 음원을 하나하나 결제하는 것이 아닌 장바구니에 담아 한꺼번에 결제하는 아이디어를 제출했다. 실물을 판매하는 쇼핑몰에는 장바구니가 있는데 음원을 판매하는 몰에는 장바구니가 없어 불편하다는 고객 의견이 많았다. INFP는 이런 고객의 의견을 반영한 아이디어로 장려상을 받았다. 상금 백만 원과 함께 놀랍게도 다음 달 바로 승진했다.

보통 창의력은 디자이너, 예술가, 창작자 등과 같은 직업군에서만 발휘한다고 생각한다. INFP 유형에서는 앞서 <INFP 리더십 유형>에서도 언급한 것처럼 리더도 팔로워도 상황에 따라 창의력을 발휘하는 기회가 있다는 것을 말하고 싶었다. 일상에서 늘 창의적일 수는 없지만, 리더는 때론 팔로워의 창의력을 이끌 수 있어야 한다는 것을 기억하자!

⊙ **INFP 리더와 팔로워를 위한 조언**

> " 오늘 할 일을
> 메모하자! "

INFP는 일의 우선순위를 정하거나 세부 사항을 챙기는 일이 어렵다. 이런 일은 꼼꼼해야만 챙길 수 있는 것은 아니다. 출근하고 하루를 시작하기 전에 포스트잇에 오늘 해야 할 일을 간단히 적어보자. 그리고 처리해야 하는 일의 순서를 앞에 적는다. 하나씩 완료할 때마다 줄을 그어주면 더 좋다. 그렇게 하루를 보내고 미처 다하지 못한 일은 책상에 두고 퇴근한다. 내일 다시 새로운 포스트잇에 적을 때 어제 다하지 못한 일과 함께 적으면 될 뿐이다. 이것은 하나의 예시일 뿐이다. 어느 유형이나 부족한 점은 있다. 그것을 어떻게 보완할지 INFP의 창의력을 발휘하기를 기대한다.

MBTI

리더와 팔로워를 위한 체크 리스트

♥ INFP를 위한 체크리스트

＊ 리더십

오늘도 팔로워의 말에 공감과 지지를 표현했다. ·················· (예 / 아니요)

나와 가치가 다른 타인의 말을 수용할 수 있다. ················ (예 / 아니요)

업무의 우선순위를 정하고 일을 시작한다. ················ (예 / 아니요)

의견을 공유할 때 객관적인 자료를 찾으려고 노력한다. ··········· (예 / 아니요)

타인의 잠재력이나 가능성을 생각할 수 있다. ·············· (예 / 아니요)

하고자 하는 말을 5분 이내로 줄일 수 있다. ·············· (예 / 아니요)

＊ 팔로워십

오늘 하루 올라왔던 감정을 추스르는 시간을 갖는다. ·········· (예 / 아니요)

지금 하는 업무의 미래가치를 생각한다. ················ (예 / 아니요)

때로는 나의 감정을 타인에게 오픈하지 않을 수 있다. ········· (예 / 아니요)

내일 할 일을 미리 생각할 수 있다. ················· (예 / 아니요)

직장 동료와 리더와의 관계가 즐겁고 쾌활하다. ············ (예 / 아니요)

늘 하던 업무에 창의력을 발휘할 수 있다. ··············· (예 / 아니요)

♥ 주기능의 단점을 보완하고 부기능을 향상하는 방법을 하나씩 해봅니다.

♥ **INFP를 위한 정리파일**

나의 주기능(Fi)은
어떤 보완할 점이 있을까요?

Fi
주기능

나의 부기능(Ne)은 의사소통에
어떤 장점을 가져다 주나요?

Ne
부기능

당신의 주기능과 부기능의 건강한 성장을 응원합니다.

ESTJ

경쟁적인 목표러

❤ ESTJ 의사소통 스타일

결론부터

급한

체계적인

명확함을
선호하는

목표지향적인

지도자를
선호하는

통제하는

경쟁을
즐기는

♥ ESTJ '조해리의 창'

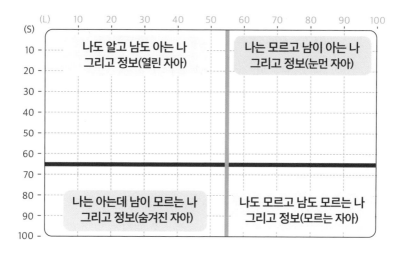

경쟁적인 ESTJ는 분명하고 정확한 것을 좋아하며, 모든 일을 빠르게 진행한다. 서슴없이 의견을 말하기 때문에 자기 오픈도 어느 정도 할 수 있다. 그러나 타인 의견에 경청이 어려워 나도 알고 남도 아는 나 그리고 정보(열린 자아)와 나는 모르고 남이 아는 나 그리고 정보(눈먼 자아)는 비슷할 것이다. 그러나 나는 아는데 남이 모르는 나 그리고 정보(숨겨진 자아)도 클 수 있다. 이에 S는 65점, L은 55점으로 기재해 S 점수 '자기노출'이 L 점수 '피드백'보다 높을 수 있으니 참고하자!

♥ <조해리의 창> 결과는 MBTI 특성에 따른 예측치이므로 참고하자!

⊙ ESTJ 유형 특징

> 불도저 같은
> 추진력과 열정이 있고
> 책임감이 강하다

목표를 향한 추진력이 강한 유형으로 현실적이고 성과 지향적이다. 전문직이나 경영 분야에서 두각을 나타내는 것은 이 때문이다. 이들은 실용적인 문제를 조직적이고 체계적으로 해결하며, 계획, 규칙, 목표 등 표준화된 틀과 수치를 선호한다. 업무를 먼저 해야 다른 일을 할 수 있을 정도로 일을 미루는 것을 싫어해 마감 기한을 넘기는 일이 거의 없다. 성실하고 책임감이 강하며 논리적인 이들은 주도적이고 신속하게 업무를 해결한다. 이 때문에 장황하게 말하거나 속도가 느린 동료를 참기 힘들다는 단점이 있다. 타인의 감정에 민감하지 못하며 비판적인 태도는 인간관계에 안 좋은 영향을 미칠 수 있어 주의가 필요하다.

♥ 좋고 나쁜 성격은 없다. 이 설명은 해당 유형의 특징이며, 장단점을 의미하는 것이 아님을 참고하자!

♥ ESTJ 주기능과 부기능

🎖 주기능

ESTJ의 주기능은 사고ᵀ로 에너지를 자기 외부(e)로 사용한다. 문제해결이나 업무에 관한 속도가 가장 빠른 유형으로 목표지향적이고 진취적이며 체계적이다. 지도자 역할과 경쟁을 즐기며 규칙, 절차, 기준을 중요하게 여긴다.

🎖 부기능

ESTJ 주기능의 단점을 보완하기 위해 감각ˢ을 내면(i)으로 사용하는 것이 부기능이다. 사실적인 정보를 토대로 한 자료를 선호하며, 구체적인 방안과 빠른 처리를 요구한다. 결론부터 말하는 것도 좋은 방법이다.

> **TIP** ⚠
> 주기능이 T이고 부기능이 S인 ESTJ는 목표를 향해 저돌적이며 에너지가 가장 강한 유형이다. 토론을 즐기지만, 타인의 말을 경청하는 것이 아닌 자기주장을 펼치는 것을 즐길 뿐이다. 주기능과 부기능이 T와 S인 유형에게는 결론부터 말하는 것이 좋다.

♥ ESTJ 리더십 유형

ESTJ는 업무에 관한 의지가 높아 구성원이 조직 목표에 달성하며 신뢰와 존경 관계가 생기는 팀형은 '높음'으로 체크했다. 어느 유형보다 의지가 높은 ESTJ이지만 저돌적이라 팀원과의 신뢰가 높지 않을 수 있어 이를 반영했다. 인간관계를 잘 유지하며 즐거운 분위기를 형성하는 인간형은 '보통'으로 체크했다. 이들은 타인의 감정을 우선시하는 것을 선호하지 않아 이를 반영했다. 맡은 바 임무를 최소한으로 하는 무관심형은 '매우낮음'으로 체크했으며, 일의 능률을 올리는데 인간적 요소에 의해 작업조건을 갖추는 과업형은 '높음'으로 체크했다.

* 리더십 유형 **ESTJ**

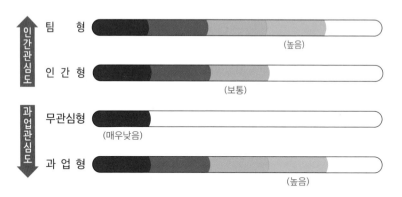

인간관심도	
팀　　　형	(높음)
인 간 형	(보통)

과업관심도	
무관심형	(매우낮음)
과 업 형	(높음)

ESTJ는 인간관심도가 높게 나타났으나, 타인이 아닌 조직 목표에 관한 열정이다. 타인의 감정 고려가 어렵다면 10을 세고 의견을 말하자!

에피소드

ESTJ는 임원 회의에 참석했다. 상반기 안에 종료했어야 하는 A 프로
젝트가 아직도 진행 중이라 비용 청구가 어려운 상황이었다. A 프로
젝트를 완료하지 못한다면 회사 자금순환에 문제가 생기는 상황이었
다. 회의에서 지금까지 OO 그룹장이었던 김 차장 대신 ESTJ가 A 프
로젝트를 맡기로 결정되었다. 다음날 ESTJ는 OO 그룹으로 출근하자
마자 팀장들을 모두 소집했다.

ESTJ 안녕하세요~ 오늘부터 OO 그룹의 그룹장으로 발령받은 ESTJ입
니다. 반갑습니다.

팀장들 안녕하세요~

ESTJ 팀장님들께 급한 공지 사항이 있어 미팅을 주선했습니다. 아시다
시피 진작에 완료되었어야 하는 A 프로젝트가 진행 중입니다. 팀
별로 어느 정도 진행되었는지와 현재 가장 큰 문제가 무엇인지 말
씀해주시기를 바랍니다. 1팀부터 진행할까요?

김 팀장 저희 팀은 사원 이직률이 이슈입니다. 채용은 어렵고, 기존 사원은
이직하는 상황에서 각자 맡은 업무 분량이 소화되지 않으니 쌓이
게 되었습니다.

송 팀장 저희 팀은 코로나19로 병가 중인 사원들이 있어 업무가 소화되지
못했으나, 모두 복귀했고 현재는 원활히 진행할 수 있습니다.

박 팀장 저희 팀은 임산부와 결혼하는 사원이 몇 있어 휴가 이슈가 있었습

니다. 결혼 휴가는 거의 끝났고 임산부는 출산휴가에 들어가서 인
원을 충원하면 모든 업무가 소화할 수 있습니다.

ESTJ 좋아요. 각 팀장님께서는 팀 인원을 토대로 하루에 처리할 수 있는
업무분량 예측치를 오전 중으로 보내주세요. 양식은 팀의 이슈와
수치만 기재해서 보내주시면 됩니다. 채용팀은 채용이 어느 정도
가능합니까?

오 팀장 오늘 30명 면접 예정이며 최대한 채용하겠습니다.

ESTJ 채용은 채용인원보다 이직하지 않는 것이 더 중요합니다. 업무에
열정이 있는지를 살펴 그렇지 않은 사람은 빼주시기를 바랍니다.
교육팀은 신입사원의 교육 일정을 줄여서 최대한 빠르게 팀에 투
입되게 일정을 수정해서 보내주세요.

ESTJ는 그날 업무량을 다하지 못한 팀은 보고서를 제출하게 했으
며, 오전과 오후 나누어서 진행 상황을 직접 라운딩을 돌며 체크했다.
ESTJ가 발령된 지 보름 만에 A 프로젝트는 완료되었다.

MBTI 교육 현장에서 가장 먼저 손들고 발표하는 유형은 단연 ESTJ이다. 그 속도와
추진력은 어떤 유형도 따라잡기 힘들다. '카리스마적 리더십'을 발휘하는 이들은 체
계가 잡힌 조직에서 성과를 내는 데 최적화되어 있다. 그러나 이런 방식은 단기간에
효과를 보기 쉬우나 장기 프로젝트에는 적합하지 않다. 팀원의 인간적인 면을 함께
케어하지 않는다면 이직으로 연결될 수 있기 때문이다.

◉ ESTJ 팔로워십 유형

ESTJ는 독립/비판적 사고와 능동/적극적 참여가 모두 높은 모범형은 '매우높음'으로 체크했다. 이들의 열정과 비판적 사고는 매우 높아 이를 반영했다. 독립/비판적 사고가 낮고 능동/적극성이 높은 순응형은 '보통'으로 체크했으며, 방관하는 수동형은 '매우낮음'으로 체크했다. 독립/비판적 사고는 높지만, 적극성이 낮은 소외형은 '보통'으로 체크했다. 이들은 소외형과는 거리가 멀지만 팔로워라도 비판적 의견을 서슴없이 표현하며 무시당한다고 생각하면 소외형을 자처할 수 있어 이를 반영했다.

＊ 팔로워십 유형 **ESTJ**

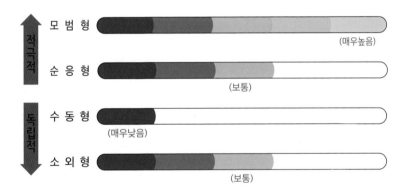

ESTJ 팔로워에게 업무 지시는 구체적인 것이 좋다. 추상적, 감정적 단어는 배제하며 미래에 관한 비전 보다 실리적인 이익을 제시하면 좋다.

에피소드

회사에서 A 프로젝트를 달성하기 위해 모든 팀원이 전력을 다해야 한다는 그룹장의 공지가 있었다. ESTJ는 회사에 모범이 되고 싶은 마음이 컸다. 이 기회에 전력을 다해서 본인 실력을 보이고 싶었다.

그러나 이 프로젝트는 나 혼자 잘한다고 달성할 수 있는 것이 아니었다. 팀장님은 매일 업무가 종료되면 당일 실적을 공지했다. 실적이 부족한 사원은 팀장과 면담이 있든지 다음 날 더 열심히 하라는 독려가 있었다. 그야말로 회사는 초비상이었다. 오늘도 실적이 부족한 사원이 많아 팀장이 팀 전원을 호출했다.

> **김 팀장** 오늘 공지한 실적을 보셨을 거예요. 목표치 달성하지 못하신 분은 내일은 더 진행해주셔야 해요. 그렇지 않으면 이번 달에도 A 프로젝트를 완료하지 못해요. 힘드시겠지만 이번 달만 양해해주셨으면 해요. 우리 모두 열심히 달려봐요!

미팅이 끝나고 나오는 길에 A 사원에게 ESTJ가 말한다.

> **ESTJ** 담배 피우는 시간을 좀 줄여보는 게 어때? 회사가 이렇게 초비상인데 네 실적이 계속 미달이더라.
>
> **A 사원** (발끈하며) 뭐라고?
>
> **ESTJ** 지금 하는 업무가 팀 프로젝트잖아. 모두 열심히 하는데 너도 네 몫

은 다해야 하는 거 아냐? 같은 팀원으로서 이 정도의 말은 할 수 있다고 생각해.

A 사원   네가 뭔데? 네 실적이 괜찮게 나오니까 뭐라도 되는 거 같냐?

ESTJ   감정적으로 받아들이지 말고 생각해 봐. 팀 인원에 따라 목표가 정해지는데 네가 매일 목표에 미달하면 그 일이 어디로 가겠냐? 회사의 한 일원으로서 네 몫은 해줘야 다른 팀원에게 피해가 안 가!

결국 A 사원과 큰 싸움이 났고, 팀장에게 불려 가 훈계를 들어야 했다. 이성적으로 판단한 말을 감정적으로 고깝게 들은 A 사원이 ESTJ는 이해되지 않았다. 저렇게 일하는 것이 이해되지 않았다.

ESTJ는 열정적이고 진취적이나 규칙과 규율을 따르며 융통성이 부족하다. 규칙에서 벗어나는 언행은 이해하지 못하며 그것에 관해 지적하는 일도 서슴지 않는다. 이는 규칙과 규율을 좋아하는 ESTJ의 판단이 '옳다', '그르다'로 나누려 하기 때문이다. 이는 ESTJ의 성향으로 리더일 때도 마찬가지다. 타인의 감정을 고려하지 못하는 ESTJ는 사실(fact)에 근거해 표현하며 이것이 인간관계에서 불화를 일으킬 거로 생각하지 못한다.

⦿ ESTJ 리더와 팔로워를 위한 조언

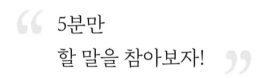

" 5분만
할 말을 참아보자! "

급한 성격의 ESTJ는 사람들과 이야기할 때 앞다투어 자기의견을 표현한다. 좋은 분위기에서는 모르지만, 좋지 않은 분위기라면 딱 5분만 할 말을 참아보자! 5분은 짧은 시간이지만, 그 사이에 타인의 말을 들으며 분위기의 흐름을 느끼기에는 충분한 시간이다. 분위기가 어떻게 바뀌는지 내가 그 말을 하는 것이 맞았을지 생각하는 계기가 될 것이다. 또한 평소 타인의 말을 5분 이상 듣기 힘든 ESTJ에게 생각을 정리하고 깊이있게 문제를 다루는 부기능(Ti)을 성장시킬 수 있다. 가끔은 5~10분 정도 말하지 않고 듣기만 하자! 한 발짝 성장한 나를 느낄 것이다.

MBTI

리더와 팔로워를 위한
체크 리스트

💗 ESTJ를 위한 체크리스트

☀ 리더십

일과를 자기 전 조용히 3분 이상 정리한다.·····························(예 / 아니요)

행동으로 옮기기 전에 속으로 10초를 셀 수 있다. ·················(예 / 아니요)

현재 하는 업무의 결과를 한 번쯤 예측해 보았다. ················(예 / 아니요)

팔로우의 이야기를 3분 이상 들을 수 있다. ·······················(예 / 아니요)

나와 가치가 다른 타인의 말을 수용할 수 있다. ·················(예 / 아니요)

나의 열정을 타인에게 강요하지 않는다. ···························(예 / 아니요)

☀ 팔로워십

지금 하는 업무의 미래가치를 생각한다.···························(예 / 아니요)

직장 동료와 리더와의 관계가 즐겁고 쾌활하다. ···············(예 / 아니요)

나의 업무를 요약하고 정리한다. ···································(예 / 아니요)

동료의 이야기를 3분 이상 들었다. ·································(예 / 아니요)

즉흥적인 대응이 누구보다 빠르다. ································(예 / 아니요)

때로는 나의 감정을 타인에게 오픈하지 않을 수 있다. ········(예 / 아니요)

💗 주기능의 단점을 보완하고 부기능을 향상하는 방법을 하나씩 해봅니다.

♥ ESTJ를 위한 정리파일

나의 주기능(Te)은
어떤 보완할 점이 있을까요?

Te
주기능

_____

_____

_____

_____

나의 부기능(Si)은 의사소통에
어떤 장점을 가져다 주나요?

Si
부기능

_____

_____

_____

_____

당신의 주기능과 부기능의 건강한 성장을 응원합니다.

ISTJ

객관적인 현실러

⊙ ISTJ 의사소통 스타일

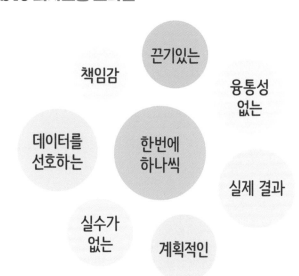

💛 ISTJ '조해리의 창'

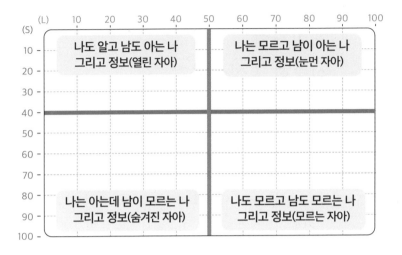

완벽을 추구하고 타인에게 관대하지 못한 ISTJ는 자기 오픈이 가장 어려운 유형 중 하나이다. 이런 점에서 '열린 자아'와 '숨겨진 자아'가 비슷하거나 오히려 '숨겨진 자아'가 클 수 있다. 타인의 감정에 무관심함은 '눈먼 자아'를 키울 수 있으며, 자기감정의 알아차리기 힘듦은 '모르는 자아'도 키울 수 있다. 주기능이 감각S이면서 부기능이 사고T인 ISTJ는 자신과 타인의 감정을 논리로 받아들이는 경향이 있다. 이에 S는 40점, L은 50점으로 기재해 L 점수의 '피드백'보다 S 점수 '자기노출'이 더 어려울 수 있다.

💛 <조해리의 창> 결과는 MBTI 특성에 따른 예측치이므로 참고하자!

⊙ **ISTJ 유형 특징**

> 개미처럼
> 신중하고 성실하며
> 빈틈없다

신중하고 빈틈없는 ISTJ는 한 번에 하나씩 순서대로 일 처리 하는 것을 선호한다. ESTJ와 마찬가지로 규칙, 규정을 선호하며 이러한 틀에서 벗어나는 것을 선호하지 않는다. 업무에서 실수가 있으면 안 되는 회계 분야, 금융 분야, 보건의료 분야 등에서 강점을 보인다. 조직의 목표를 달성하기 위해 근면·성실하게 업무에 임하며, 세부 사항을 섬세히 다룬다. ESTJ처럼 먼저 일하고 놀아야 해서 과제나 업무를 미루는 일이 없다. 사실과 논리에 집중되어 있어 거시적인 안목으로 문제를 바라보기 힘든 경향이 있다. 타인의 감정에 사실과 논리로 설명하는 등 융통성 부족으로 인간관계에서 어려움을 느낄 수 있다.

♥ 좋고 나쁜 성격은 없다. 이 설명은 해당 유형의 특징이며, 장단점을 의미하는 것이 아님을 참고하자!

💙 ISTJ 주기능과 부기능

🏅 주기능

ISTJ의 주기능은 감각ˢ으로 에너지를 자기 내면(i)으로 사용한다. 현실적, 실용적, 논리적이며, 주위 환경을 잘 정리한다. 사실이나 세부 사항을 중시하며, 단기적이며 실질적인 결과를 선호한다. 규칙, 목표, 기준치를 중시한다.

🏅 부기능

ISTJ 주기능의 단점을 보완하기 위해 사고ᵀ를 외부(e)로 사용하는 것이 부기능이다. 논리적인 의견을 선호하나 이것을 충분히 검토하고 생각하는 시간이 필요하다. 이 때문에 먼저 문서로 전달하고 이후에 회의하는 것이 좋다.

TIP

주기능이 S이고 부기능이 T인 ISTJ는 성실하고 업무에 오차가 적다. 완벽함을 추구하기 때문에 타인의 실수에 관대하지 못하다. ISTJ의 신뢰를 얻으려면 약속 시간이나 제출 기한을 꼭 지키자!

⊙ ISTJ 리더십 유형

ISTJ는 업무 의지가 높아 조직 목표에 달성하나 ESTJ와 마찬가지로 팔로워의 신뢰와 존경 관계를 형성하기에는 어려워서 팀형은 '보통' 으로 체크했다. 인간관계를 잘 유지하며 즐거운 분위기를 형성하는 인간형은 '낮음'으로 체크했다. 말수가 적은 ISTJ는 타인에게 편안한 분위기를 제공하는 것이 어렵다. 맡은 바 임무를 최소한으로 하는 무관심형은 '매우낮음'으로 체크하고 일의 능률을 올리는데 인간적 요소에 의한 간섭이 최소화되도록 작업조건을 갖추는 과업형은 '높음' 으로 체크했다. 객관적이며 체계적인 이들의 성향을 반영한 것이다.

＊ 리더십 유형 `ISTJ`

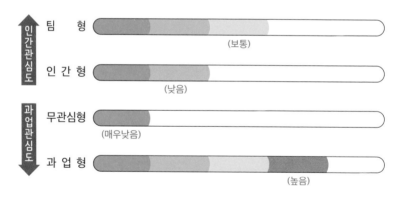

인간관심도

팀　　형
　　　　(보통)

인 간 형
　　　(낮음)

과업관심도

무관심형
（매우낮음）

과 업 형
　　　　　(높음)

> ♥ 과업관심도가 더 높은 ISTJ는 목표지향적이며 임무를 완벽하게 완수한다. 타인의 실수에 조금만 관대하다면 인간관심도를 높일 것이다.

에피소드

ISTJ 그룹장은 새로 부임받은 A 그룹의 첫 출근했다. 실적, 이직률, 업무 프로세스 등 제대로 돌아가는 것이 없는 그야말로 새로 세팅한다는 기분으로 그룹을 재정립해야 하는 상황이었다. 출근 후 살펴보니 전에 근무하던 그룹장의 자료는 전무했다. 처음부터 다시 만들어야 했다. 먼저 팀장들을 호출한다.

ISTJ　안녕하세요! 오늘 새로 부임받은 ISTJ입니다.

팀장들　안녕하세요.

ISTJ　제가 부임 전에 상무님께 듣기로는 A 그룹이 현재 실적이나 이직률이 높은 상황이라고 들었어요. A 그룹의 현재 상황을 보고 싶은데, 팀장님들께서 공유해 주실 자료가 있을까요?….

팀장들　….

ISTJ　제가 질문을 바꿔서 말씀드릴게요. 팀장님들께서 자료를 새로 만드시려면 시간이 걸리니까 현재 있는 실적이나 이직률 관련 자료가 있는지 말씀해 주세요.

김 팀장　저희 팀은 주별, 월별 실적 보고서가 있고, 보고서에 이직률도 포함되어 있습니다.

ISTJ　이직률엔 이직 사유도 기재되어 있나요?

김 팀장　음…. 그렇지는 않아요. 이직 인원만 체크되어 있어요.

ISTJ　다른 팀도 마찬가지이실까요?

팀장들	네!
ISTJ	좋아요. 기존의 실적 보고서에 이직 사유만 기재하셔서 금일 중으로 보내주세요. 실적 보고서는 최근 1년 치입니다. 이직 사유는 확인되는 데까지만 기재해서 보내주시면 됩니다.
팀장들	알겠습니다.
ISTJ	현재 문제를 파악하고 우선으로 해결해 나갈 방식을 선정하려 해요. 팀장님들께서도 협조 부탁드릴게요.
팀장들	네~ 알겠습니다.

ISTJ는 팀장들의 보고서로 최근 1년 실적과 이직률, 이직 사유를 분석해 새로운 보고서를 작성했다. 3일 뒤 다시 회의를 열고 실적이 낮은 팀장은 원인과 개선 방안을 제출하고, 이직률이 높은 팀장은 채용과 이직 관리 방안을 제출하라 지시한다. 일주일 뒤 보고서를 받고 다시 열린 회의에서 각 팀의 구체적인 실행 계획을 공유하고, 차주까지 모두 완료하도록 했다. 이직률이 높은 팀은 면담과 채용으로 이직률을 관리하고, 실적이 낮은 팀은 면담과 교육으로 실적을 향상시켰다. 한 달 뒤, A 그룹은 안정화되기 시작했고, 석 달 뒤 안정화되었다.

정리의 달인 ISTJ는 데이터나 물건을 정리하는 데 일가견이 있다. 이들의 날카롭고 뛰어난 분석력은 타의 추종을 불허한다. 정확하게 목표 기한 내에 모든 일을 처리하는 데 ISTJ만큼 완벽한 유형도 없다. 이것이 ISTJ의 최대 장점이다.

⊙ ISTJ 팔로워십 유형

ISTJ는 독립/비판적 사고와 능동적인 모범형은 '보통'으로 체크했다. 맡은 바 업무에는 책임감을 느끼고 수행하나 도전을 힘들어하고 위험을 감수하지 않는 특성을 반영했다. 독립/비판적인 사고가 낮고, 적극성이 높은 순응형은 '낮음'으로 체크했으며, 방관하는 수동형도 '낮음'으로 체크했다. 독립/비판적 사고는 높지만 능동적이지 않은 소외형은 '매우높음'으로 체크했다. 이들은 타인의 노력을 인정하는 데 인색하며 노력에 비해 인정받지 못하는 자신이 희생자라고 하며 대인관계에서 자신을 스스로 소외시키는 경향이 있어 이를 반영했다.

* **팔로워십 유형** `ISTJ`

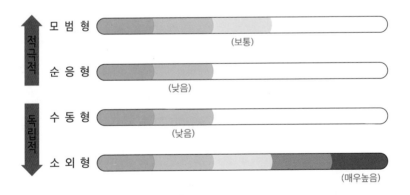

ISTJ는 적극성이 낮으며 독립성이 강하다. 혼자 해야 하는 꼼꼼함을 요구하는 작업에 배치한다면 제시간에 완벽하게 업무를 마무리할 것이다.

에피소드

ISTJ는 그룹장인 윤 과장과 면담 중이다. 이번에 회사에서 있었던 인사이동에 관해 ISTJ가 면담을 요청했다.

> **윤 과장** 인사이동 관련해서 궁금한 게 있다고요?

> **ISTJ** 제가 승진하지 못한 이유를 알고 싶어서요. A 사원은 승진하고 전 못한 게 이해가 안 돼요. A 사원은 지난달만 해도 두 번이나 지각했어요. 실적도 제가 더 낫고요. 그런데 왜 A 사원이 승진한 거죠?

> **윤 과장** 음, 살펴보니 A 사원이 팀장평가가 더 높았네요.

> **ISTJ** 그럼 제가 팀장평가 때문에 승진하지 못한 건가요?

> **윤 과장** 뭔가 납득이 어려운가요?

> **ISTJ** (어이없다는 듯이 웃으며) 당연히 그렇지 않겠어요? 실적은 제가 더 나은데 승진에서 떨어졌잖아요.

> **윤 과장** 팀장평가에는 여러 가지 정성적 평가가 포함돼요. 팀원과의 관계가 원활한지, 팀의 일에 앞장서는지, 팀을 위한 자발적인 희생이 있는지 등이 평가돼요. 승진이지만 결국에는 팀의 작은 리더가 되는 과정이기 때문에 실적만으로 평가하진 않죠.

> **ISTJ** 지난번 A 프로젝트에서 팀의 목표가 주어졌을 때도 제가 실적이 가장 높았어요. 아시잖아요. 한 사람이 실적이 낮으면 다른 사람에게 다시 배부된다는 거⋯. 이런 게 팀을 위한 희생 아닌가요?

> **윤 과장** 정성적 평가는 더 자세히 말하면 '다른 팀원이 업무적 어려움이 있

을 때 챙길 수 있는가?', '팀원이나 팀장과 정서적 교류가 원활하
게 이루어지는가?', '팀원이 힘들어할 때 정서적으로 도움을 주는
가?' 등 관계적인 것을 뜻해요. ISTJ는 스스로 생각했을 때 팀원
에게 까칠한가요? 자상한가요?

ISTJ　과장님 말씀대로라면 팀원에게 까칠한 사원은 실적이 아무리 좋
아도 승진할 수 없는 거네요.

윤 과장　저희는 승진의 개념이 리더를 선출하는 것이기 때문에 팀원의 정
서 관리가 어렵다면 승진이 어려워요. 아시잖아요. 정서 관리가
제대로 이루어지지 않으면 실적은 둘째치고 이직으로 이어지죠.

ISTJ　알겠습니다.

ISTJ는 굳은 얼굴로 휙 하고 일어나서 나와버린다.

완벽주의자인 ISTJ는 관계적인 측면에서 서툴다. <조해리의 창>에서 보듯이 ISTJ
는 나와 타인의 감정에 둔하며 오직 사실과 논리로만 생각하고 말한다. 그러니 위의
에피소드처럼 정서나 감정의 개념이 포함된 대화는 이해하지 못한다. 늘 자신이 피
해자라고 생각하는 것은 이 때문이다. 자신은 옳고 타인은 틀렸다고 생각하니 타인
과 조율이 어렵다. 위의 에피소드에서 마지막에 일어나서 나오는 것처럼 열등기능
N(e)이 스트레스 상황에서 표출되는 것을 주의해야 한다. 평소의 까칠함에 신경질
적인 면이 더해져 관계적인 측면에서 소외될 수 있어 주의가 필요하다.

⊙ ISTJ 리더와 팔로워를 위한 조언

> ❝ '나는 옳고 너는 그르다'
> 라고 표현하지 말아요. ❞

완벽주의를 지향하는 ISTJ는 타인의 실수에 관대하지 못하다. A 사원은 올해 지각을 5번이나 했고, B 사원은 실적이 팀 평균보다 5점 낮으며, C 사원은 보고서를 3일이나 지나고 제출하는 등 타인의 실수를 성향상 평범하지 않게(디테일하게) 기억한다. 그런 기억이 스트레스 상황에서 표출되면 인간관계에서 이처럼 최악인 것이 없다. ISTJ는 열등기능이 직관N을 외부로 향하기 때문에 평소 이성적인 면을 잊고 아무 말을 하거나 행동한다. '그럴 수도 있지!'라고 생각해 볼 수 있을까? 어렵다! 이런 것이 통하지 않는 게 ISTJ의 특징이다. 이해하기 어렵다면 차라리 타인의 실수를 입 밖으로 표현하지 말자! 자칫하면 나만 완벽하다고 주장하는 상황이 되니 주의하자!

MBTI

리더와 팔로워를 위한
체크 리스트

◉ ISTJ를 위한 체크리스트

---

* 리더십

나만의 실용적인 회사생활의 노하우를 팔로워에게 공유한다. ········ (예 / 아니요)

팔로워의 말을 3분 이상 들을 수 있다. ······························· (예 / 아니요)

의견을 공유할 때 객관적인 자료를 찾으려고 노력한다. ··········· (예 / 아니요)

업무의 우선순위를 정하고 일을 시작한다. ······················ (예 / 아니요)

자기 전 조용히 3분 이상 일과를 정리한다. ······················ (예 / 아니요)

대화가 힘들어도 타인과 대면하려고 한다. ······················ (예 / 아니요)

---

* 팔로워십

나의 업무를 요약하고 정리한다. ······························· (예 / 아니요)

오늘 하루 올라왔던 감정을 추스르는 시간을 갖는다. ·········· (예 / 아니요)

오늘 할 일을 모두 마쳤다. ··································· (예 / 아니요)

때로는 나의 감정을 타인에게 오픈하지 않을 수 있다. ·········· (예 / 아니요)

지금 하는 업무의 미래가치를 생각한다. ······················ (예 / 아니요)

오늘 하루 올라왔던 감정을 추스르는 시간을 갖는다. ·········· (예 / 아니요)

주기능의 단점을 보완하고 부기능을 향상하는 방법을 하나씩 해봅니다.

⊚ **ISTJ를 위한 정리파일**

> 나의 주기능(Si)은
> 어떤 보완할 점이 있을까요?
>
> **Si**
> 주기능

> 나의 부기능(Te)은 의사소통에
> 어떤 장점을 가져다 주나요?
>
> **Te**
> 부기능

> 당신의 주기능과 부기능의 건강한 성장을 응원합니다.

ESFJ

조화로운 관찰러

♥ ESFJ 의사소통 스타일

긍정적인

바쁜

감정을
존중하는

책임감이
강한

타인과
상호작용하는

관찰하는

격려하는

니즈를
파악하는

196

❤ ESFJ '조해리의 창'

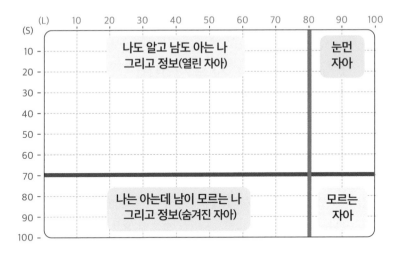

타인을 칭찬하고 격려하며 친절한 ESFJ는 자기 오픈을 잘한다. 나도 알고 남도 아는 나 그리고 정보(열린 자아)가 가장 클 수 있다. 감정을 중요하게 생각해서 타인의 감정을 공감하고 경청해 나는 모르고 남이 아는 나 그리고 정보(눈먼 자아)는 다른 유형에 비해 작을 수 있다. 그렇지만 타인에게 피해를 주지 않기 위해서 자신이 힘든 점은 말하지 않을 수 있어 나는 아는데 남이 모르는 나(숨겨진 자아)는 작지 않을 수 있다. 이에 S는 70점, L은 80점으로 기재해 S 점수 '자기노출'이 L 점수 '피드백'보다 낮을 수 있으니 참고하자!

❤ <조해리의 창> 결과는 MBTI 특성에 따른 예측치이므로 참고하자!

197

⊙ ESFJ 유형 특징

> 친절하고
> 현실적이고 실용적이며
> 에너지가 넘친다

ESFJ는 사람을 좋아하며 서로 돕고 친절을 베푸는 유형이다. 그러면서 감각이 부기능이기 때문에 사물이나 문제를 실용적이고 현실적으로 보는 남다른 감각을 가진다. <MBTI 유형별 유튜브 콘텐츠 컨설턴트> 도서에서 장난감 세탁기로 화장도구를 세척하는 이국주 개그우먼을 소개한 바 있다. 이런 점에서 실용적인 서비스가 필요한 비즈니스 분야나 목표를 달성하기 위해 체계적인 직업에서 강점을 보인다. 그러면서도 조직의 규범이나 규칙을 잘 따른다. 타인의 비판을 개인적인 감정F으로 받아들이거나, 새로운 아이디어나 변화를 두려워하는 경향이 있어 주의가 필요하다.

> ♥ 좋고 나쁜 성격은 없다. 이 설명은 해당 유형의 특징이며, 장단점을 의미하는 것이 아님을 참고하자!

⊙ **ESFJ 주기능과 부기능**

주기능

ESFJ의 주기능은 감정F으로 에너지를 자기 외부(e)로 사용한다. 자기표현을 잘하며, 타인의 감정에 세심한 주의를 기울인다. 인간관계를 토대로 업무를 조화롭게 이끌어가며, 타인의 능력에 인정과 지지를 보낸다.

부기능

ESFJ 주기능의 단점을 보완하기 위해 감각S을 내면(i)으로 사용하는 것이 부기능이다. 업무를 체계적으로 계획하며, 목표 관리를 잘한다. 타인이 필요한 것을 파악해 사전에 준비하고 제공한다. 꼼꼼하며, 바쁘게 일한다.

TIP

주기능이 F이고 부기능이 S인 ESFJ는 실용적이지만, 감정에 중점을 두고 실용적인 방법을 계획한다. 타인에게 필요한 것, 내가 필요한 것을 계속 살펴 늘 바쁘다. 그럼에도 부기능이 S인 ESFJ에게는 전통적인 권위나 규칙은 존중하며 예의가 바르게 행동하자!

⊙ ESFJ 리더십 유형

ESFJ는 업무에 관한 의지가 높고 조직 목표를 달성하며 팔로워와 신뢰와 존경 관계가 생기는 팀형은 '매우높음'으로 체크했다. 활력이 넘치면서도 타인을 돕고 책임감이 강한 성향을 반영했다. 인간관계를 잘 유지하며 즐거운 분위기를 형성하는 인간형은 '높음'으로 체크했다. 즐거운 분위기를 형성하긴 하지만, 비판을 주관적으로 받아들이는 성향을 반영했다. 맡은 바 임무를 최소한으로 하는 무관심형은 '매우낮음'으로 체크했으며, 일의 능률을 올리는데 인간적 요소에 의한 작업조건을 갖추는 과업형도 '매우높음'으로 체크했다.

* 리더십 유형 `ESFJ`

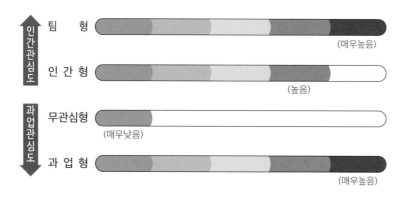

ESFJ는 인간관심도와 과업관심도 모두 높은 특성이 있다. 다만 결정할 때 객관적인 자료로 결정한다면 당신은 최고의 리더가 될 것이다.

에피소드

보험 회사에 다니는 ESFJ는 지점장이다. 경력이 20년이나 된 ESFJ는 가장 오래된 20년이 된 고객도 있다. ESFJ와 한번 인연을 맺으면 계속해서 ESFJ에게 보험에 가입하는 사람이 대부분이었다. 오늘은 윤 과장과 점심 후 주변 공원을 거닐고 있다.

> **윤 과장**   지점장님은 대단하세요! 어떻게 입사 첫해에 계약한 고객과 계속 인연을 이어가나요?

> **ESFJ**   하하! 운이 좋았지!

> **윤 과장**   같은 회사를 20년 다니신 것도 대단하지만, 지점장님의 고객관리는 정말 대단하세요. 저도 알려주세요.

> **ESFJ**   이 세상에 공짜는 없어. 영업은 특히!

> **윤 과장**   그러니까요. 발품 팔아서 몇 번이나 가도 허탕 치는데요.

> **ESFJ**   한 달에 한 번씩 문자를 보내. 이건 기본이야.

> **윤 과장**   20년 동안 쭉 하신 거예요?

> **ESFJ**   한 달에 한 번씩 보낸 문자가 '아! 보험 들어야지!'하고 생각하는 순간 나를 떠올리게 하는 거야. 또 가입하면 나이나 하는 일, 개인 상황에 맞는 선물을 준비해. 이건 꼼꼼하게 메모해두지 않으면 실천하기 어려워. 예를 들어, 이번 달에 가입한 고객은 15년 전에 OO 회사에 근무할 때 태아보험을 들었어. 내가 OO 회사에서 만났거든. 그래서 아이가 몇 살이고 어떤 일을 하는지 알지.

윤 과장	15년 전 이야기를 기억하니 고객도 놀랐겠어요.
ESFJ	15년 전 이야기에 감동하더라고…. 이번에 태아보험을 해지하고 100세 만기 평생 보험으로 재가입했어. 한 달 치 보험료와 함께 작은 선물은 여드름 바디워시와 쿨샴푸를 보내드렸어.
윤 과장	한 달 치 보험료요?
ESFJ	어떤 선물보다 현금이 최고야. 선물은 사춘기가 된 아들 거고….

ESFJ는 20년 장기근속에 실적 우수사원으로 표창장도 여러 번 받았다. ESFJ 지점장의 노하우를 들은 윤 과장은 나도 한번 실천해 보리라 마음먹는다.

사회에서 정 많은 ESFJ는 빛을 발한다. 이들은 세심하고 기꺼이 남을 도우며 세심하고 실용적이다. 이런 이유로 ESFJ는 조직 사회에서 사람들의 사랑을 받는다. 책임감 있게 일하며 팔로워를 챙기는 ESFJ는 세부적인 내용도 놓치지 않는다.

⊙ ESFJ 팔로워십 유형

ESFJ는 독립/비판적 사고와 능동/적극적 참여가 둘 다 높은 모범형은 '보통'으로 체크했다. 이들은 비판적 사고를 힘들어하며 사람들과 함께 일하는 것을 즐긴다. 독립/비판적 사고가 낮고 능동적인 순응형은 '높음'으로 체크했다. ESFJ와 거의 같은 성향이지만 '매우높음'이 아닌 것은 때로는 감정적으로 흔들려서 언행의 일관성 유지가 어려울 수 있기 때문이다. 방관하는 수동형은 '매우낮음'으로 체크했으며, 독립/비판적 사고가 높으며 능동적이지 않은 소외형은 '낮음'으로 체크했다. 타인의 의견에 민감하며 추진력, 결단력이 있는 것을 반영했다.

＊ 팔로워십 유형 `ESFJ`

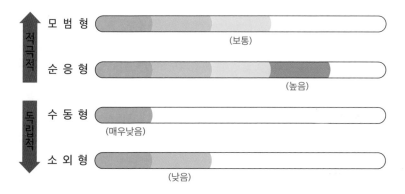

ESFJ는 적극적이지만 독립적이지 못하다. 혼자 독립적으로 하는 일보다 함께하는 업무를 맡긴다면 훌륭하게 해낼 것이니 참고하자!

에피소드

점심시간에 ESFJ는 도시락을 들고 휴게실에 앉았다. 오늘은 팀 동료들과 함께 도시락으로 비빔밥을 만들어 먹기로 한 날이다. 동료들이 삼삼오오 모여 앉았고 도시락을 오픈한다.

> **윤 사원**   어머! 계란 프라이도 해 온 거야?
>
> **ESFJ**   하하! 그게 끝이 아니지요~ 참기름도 가져오고 이건 오늘의 하이라이트!

ESFJ는 다 같이 먹을 수 있게 컵라면을 작은 크기로 준비해 왔다. 다들 ESFJ의 센스에 놀라워하며 컵라면에 물을 붓고 비빔밥을 비비기 시작했다. 다 같이 먹으며 회사 이야기에 꽃을 피운다.

> **김 사원**   요즘 왜 이렇게 일이 많아. 너무 힘든데 점심시간에라도 이렇게 에너지를 받는다.
>
> **ESFJ**   그러게요. 힘들 땐 맛있는 걸 먹는 게 힐링이죠.
>
> **방 사원**   ESFJ는 안 힘들어요?
>
> **ESFJ**   경험해 보셔서 아시잖아요. 이 시기에 좀 힘들고 이 시기 지나가면 또 괜찮고⋯. 그래서 요즈음에 보너스가 항상 나오지요.
>
> **윤 사원**   하하! 그러고 보니 보너스 나올 때가 되었네. 이번에는 보너스로 다들 뭘 하실 건가? 계획이 있어요?

그날 대화는 이번에 받을 보너스에 한껏 기대가 부풀어 올랐다. 그렇게 맛있게 점심 식사를 마치고 다 함께 오후 근무를 열심히 할 수 있었다.

ESFJ는 긍정적이다. 전통적인 조직과 규율을 중요시하면서도 긍정적인 면은 팀원에게 상당히 긍정적으로 작용한다. 이들은 타인의 감정을 긍정적으로 변화하는 다양한 기술을 가지고 있다. 화끈하게 스트레스가 해소되도록 회식에서도 분위기를 잡을 수 있으며, 평소의 대화에서도 '힘들다'라는 메시지를 '보너스'로 바꿀 만큼 대화의 기술력이 있다. 당신이 리더라면 ESFJ가 팀원의 정서 관리를 돕게 한다면 팀원에게 해피바이러스를 더해줄 것이다.

⊙ ESFJ 리더와 팔로워를 위한 조언

« 타인의 말을
가슴으로 듣지 말아요. ,,

가슴이 따뜻한 ESFJ는 타인의 말을 논리T로 듣지 못하고 감정F로 듣는다. 개인적인 관계에서는 크게 문제가 되지 않지만, 사회생활에서는 큰 단점으로 작용할 수 있는 점이다. 누군가가 ESFJ에게 말하거나, ESFJ가 누군가에게 말할 때 우린 감정F을 대장으로 내세워서는 안 된다. 그러기 위해서 우리는 누군가의 말을 사실+생각+느낌으로 변환할 줄 알아야 한다(참고도서_진상 고객 갑씨가 등장했다, 2019). 그중 사실만을 받아들이고 또 내가 표현할 때도 사실만을 표현하도록 노력하는 것이 좋다.

MBTI

리더와 팔로워를 위한 체크 리스트

💗 ESFJ를 위한 체크리스트

✳ 리더십

오늘도 팀의 분위기를 즐겁게 만들었다. ····················· (예 / 아니요)

나만의 실용적인 회사생활의 노하우를 팔로워에게 공유한다. ········ (예 / 아니요)

의견을 공유할 때 객관적인 자료를 찾으려고 노력한다. ··········· (예 / 아니요)

자기 전 조용히 3분 이상 일과를 정리한다. ················· (예 / 아니요)

타인의 의견을 객관적으로 수용할 수 있다. ················· (예 / 아니요)

가끔은 혼자 일하는 것도 좋다. ······················· (예 / 아니요)

✳ 팔로워십

지금 하는 업무의 미래가치를 생각한다. ··················· (예 / 아니요)

오늘 할 일을 모두 마쳤다. ························· (예 / 아니요)

늘 하던 업무에 창의력을 발휘할 수 있다. ················· (예 / 아니요)

업무에 관해 기억하는 세부사항을 정리한다. ················ (예 / 아니요)

오늘 하루 올라왔던 감정을 추스르는 시간을 갖는다. ··········· (예 / 아니요)

때로는 나의 감정을 타인에게 오픈하지 않을 수 있다. ·········· (예 / 아니요)

💗 주기능의 단점을 보완하고 부기능을 향상하는 방법을 하나씩 해봅니다.

♥ ESFJ를 위한 정리파일

나의 주기능(Fe)은
어떤 보완할 점이 있을까요?

Fe
주기능

나의 부기능(Si)은 의사소통에
어떤 장점을 가져다 주나요?

Si
부기능

당신의 주기능과 부기능의 건강한 성장을 응원합니다.

ISFJ

꼼꼼한 경청러

⊙ ISFJ 의사소통 스타일

경청하는

겸손한

표현이
어려운

뒤에서
돕는

생각할
시간이
필요한

경험을
신뢰하는

협조적인

세부적인

⊙ ISFJ '조해리의 창'

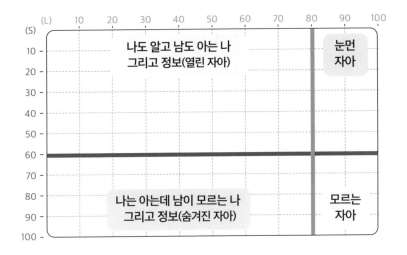

자기표현보다 듣는 것을 좋아하는 ISFJ는 자기 오픈이 힘들다. 나도 알고 남도 아는 나 그리고 정보(열린 자아)는 크지 않을 수 있다. 타인의 말을 항상 경청해서 나는 모르고 남이 아는 나 그리고 정보(눈먼 자아)도 크지 않을 수 있다. 나는 아는데 남이 모르는 나 그리고 정보(숨겨진 자아)의 크기도 어느 정도 있을 것이다. 타인을 위해 성실하게 봉사하는 이들은 자기 어려움을 표현하지 않고 속으로 삭이는 경향이 있다. 이에 S는 60점, L은 80점으로 기재해 S 점수의 '자기노출'보다 L 점수의 '피드백'이 더 높을 수 있으니 참고하자!

> ❤ <조해리의 창> 결과는 MBTI 특성에 따른 예측치이므로 참고하자!

♥ ISFJ 유형 특징

집중력이 강하고
업무에 성실하며
봉사하는 것을 좋아한다

ISFJ는 ISTJ와 같이 업무에 관한 집중력이 좋다. 이들은 한 번에 하나씩 치밀한 계획에 따라 정확히 업무를 처리하며, 책임감이 강해 업무 기한에 늦는 일이 거의 없다. 조직에 충성심이 강하며 봉사하는 것을 좋아한다. 팀원에게 협조적이며 업무 전에 치밀하게 계획을 세워 기한을 어기지 않는다. 사회복지 분야나 유치원 교사와 같은 교육 분야, 보건의료 분야에서 빛을 발한다. 다만 자기표현이 어려워 과중한 업무도 말없이 떠맡을 수 있으며, 자신을 과소평가해 자신감이 부족해 보일 수 있어 주의가 필요하다.

좋고 나쁜 성격은 없다. 이 설명은 해당 유형의 특징이며, 장단점을 의미하는 것이 아님을 참고하자!

♥ ISFJ 주기능과 부기능

 주기능

ISFJ의 주기능은 감각S으로 에너지를 자기 내부(i)로 사용한다. 사실과 세부 사항에 중점을 두며, 주변 정리 등 세심하고 꼼꼼하다. 사실적인 데이터에 기반을 둔 운영방안을 선호하지만, 의견을 표현하는 것에 적극적이지 못하다.

 부기능

ISFJ 주기능의 단점을 보완하기 위해 감정F을 외부(e)로 사용하는 것이 부기능이다. 겸손하며, 타인의 감정에 사려가 깊다. 대인관계에서 감정을 중시하기 때문에 타인을 지지하고 공감하는 데 초점을 둔다.

TIP

주기능이 S이고 부기능이 F인 ISFJ는 감각이 내부로 향하고, 감정도 체크하기 때문에 많은 에너지가 필요하다. 이런 이유로 생각할 시간이 많이 필요하니 대답할 때까지 기다려주는 여유를 갖자!

⊙ ISFJ 리더십 유형

ISFJ는 업무에 관한 의지가 높고 조직 목표를 달성하므로 팀원과 신뢰와 존경 관계가 생기는 팀형은 '높음'으로 체크했다. 말하기보다 많이 들으려고 하지만 꼼꼼하며 치밀하게 계획을 세울 줄 아는 성향을 반영했다. 인간관계를 잘 유지하며 즐거운 분위기를 형성해 업무를 잘 이루어내는 인간형도 '높음'으로 체크했다. 무관심형은 '매우낮음'으로 체크했으며, 일의 능률을 올리는데 인간적 요소에 의해 간섭이 일어나지 않도록 작업조건을 갖추는 과업형은 '매우높음'으로 체크했다. 사실이나 세부사항에 초점을 두는 꼼꼼함을 반영했다.

* 리더십 유형 **ISFJ**

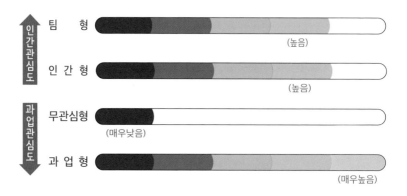

수줍고 겸손한 ISFJ는 인간관심도와 과업관심도가 모두 높다. 목소리 크고 말과 행동이 빨라야만 성과가 좋은 리더가 되는 것은 아니다.

에피소드

어린이집 교사인 ISFJ는 오늘도 야근 중이다. 어제도 야근한 ISFJ는 8시가 넘도록 저녁도 먹지 못했다. 어린이집 학예회 날짜가 내일로 다가왔다. 무대 옆에 풍선이며 예쁜 글씨를 꾸며야 하는데 아직 마치지 못한 것이다. 어제는 다른 선생님들과 함께 만들었는데, 오늘은 일이 있다며 다들 퇴근해 버렸다. '조금만 더 꾸미면 되겠지!' 했는데, '이거 하나만! 마지막으로 이것까지만…' 하다 보니 이 시간이다. 이제 마무리하면 된다. 선생님들과 상의한 것에 반짝이와 예쁜 글씨를 몇 개 더 준비하고 나서 마무리했다.

다음날 출근한 선생님들과 원장님은 학예회 무대가 너무 예쁘게 꾸며졌다며 칭찬 일색이었다.

원장님 선생님들 너무 고생 많으셨어요. 올해는 특히 무대가 예쁘게 잘 꾸며진 거 같아요. 반짝이도 있으니 왠지 크리스마스 느낌도 드네요.

(다들 뿌듯한 표정으로 웃는다.)

A 그러게요. 만들고 보니 올해는 더 예쁘게 마무리가 잘 된 거 같아요. 오늘 예쁘게 진행하면 될 거 같아요.

원장님 그래요. 그럼 준비 시작해 볼까요?

그날 OO 어린이집의 학예회 발표는 너무나 사랑스럽고 귀여운 아이들과 함께 행복하게 마무리했다.

ISFJ는 봉사하는 것을 좋아하고 자신의 한 일을 드러내지 못하는 성향이 있어 주의가 필요하다. ISFJ는 팔로워뿐 아니라 동료에게 친절하고 협조적이며 업무도 꼼꼼하다. 그러나 모든 일을 혼자 하는 것이 리더가 아니다. 유능한 리더는 업무를 동료와 팔로워에게 적절히 배분하는 능력도 필요하다. 자신이 협조적인 것과 타인을 협조적으로 만드는 것은 분명 차이가 있다. '내가 다 하면 되지!'라는 생각이 아닌 타인을 능동적으로 움직이는 방법을 모색하자!

⊙ ISFJ 팔로워십 유형

ISFJ는 독립/비판적 사고와 능동/적극적 참여가 둘 다 높은 모범형은 '높음'으로 체크했다. 비판적이지 않지만, 능동적으로 업무에 참여하려는 성향이 강한 점을 반영했다. 독립/비판적 사고가 낮고 능동/적극성이 높은 순응형은 '매우높음'으로 체크했다. 이들은 종종 너무 많은 업무를 맡아 과로하는 경향이 있어 이를 반영했다. 방관하는 수동형은 '매우낮음'으로 체크했으며, 독립/비판적 사고는 높지만, 능동적이지 않은 소외형은 '낮음'으로 체크했다. 모호하고 추상적인 업무에서 능동적이지 못할 수 있어 이를 반영했다.

＊ **팔로워십 유형** `ISFJ`

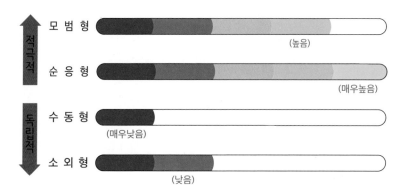

ISFJ는 적극적이지만 독립적/비판적이지 못하다. 비판적이며 긴장도가 높은 환경은 이들의 장점을 발휘하기 어려울 수 있으니 주의하자!

에피소드

커피 회사 본사에 근무하는 윤 과장은 ISFJ 팔로워에게 메일을 쓰고 있다. 몇 발짝만 가면 보는 자리에 앉아 있지만, ISFJ에게 업무에 관한 자료와 정보를 제공하고 생각을 정리할 시간을 주기 위함이다. 이번에 새로 오픈하는 매장에 세팅 작업에 ISFJ를 투입하려고 한다. 윤 과장이 아는 ISFJ는 매장 세팅에 필요한 꼼꼼함과 세심함을 가지고 있다. 그러나 수줍음이 많고 직접적으로 물었을 때 답변하는 것을 힘들어하는 경향이 있었다. 새로운 업무이고 마음의 준비 시간이 필요할 것 같아 면담보다 먼저 메일을 쓰는 것이다.

매장은 본사에서 그리 멀지 않았다. 세팅하는 데 2~3달 정도 소요되기 때문에 짧은 시간은 아니다. 모든 제품이 오픈할 수 있도록 세팅되어야 하며 매뉴얼과 프로세스에 따라 준비 및 정리 정돈이 필요했다. 또한 직원 배치 및 채용 등 챙길 것이 한두 개가 아니었다. 메일의 마지막에는 일주일 정도 생각해 보고 답변 달라고 적었다.

다음 날 점심시간에 윤 과장이 ISFJ에게 묻는다.

> **윤 과장** 어제 제가 신규 매장 관련해서 메일을 하나 보냈어요.
>
> **ISFJ** 네! 받았어요.
>
> **윤 과장** 메일 보고 궁금한 게 있으면 물어보세요. 혹시 궁금한 점 있어요?
>
> **ISFJ** 아, 네! 생각해 보고 있으면 여쭤볼게요.
>
> **윤 과장** 그래요. 천천히 생각하고 말해요.

3일 후에 ISFJ는 신규 매장 개점을 준비하겠다고 메일로 회신했다. 그러면서 개점 준비를 위해서 회사에서 ISFJ에게 제공해야 할 필요한 정보나 준비가 필요한 점을 준비기간에 따라 정리해서 요청했다. 이후에 ISFJ는 2개월이 넘게 신규 매장으로 출근하며 매뉴얼에 따라 정확하게 개점 준비를 마쳤다. 윤 과장은 ISFJ를 이 업무의 적임자라고 생각하길 잘했다고 생각했다.

ISFJ는 리더의 말에 잘 따라주면서도 세심하고 책임감이 강하다. 묵묵히 일만 하는 ISFJ를 싫어할 리더는 없을 것이다. 그러나 ISFJ는 다짜고짜 묻는 말에 바로 대답하기 어려운 유형이다. 또한, 꼼꼼하며 세심한 성격을 배려해 다양한 정보를 제공하며 생각할 시간을 갖는다면 리더의 요구를 수용할 것이다. 몰아세우며 비판하기보다는 여유를 가지고 독려하며 ISFJ 팔로워에게 다가가도록 하자!

⦿ ISFJ 리더와 팔로워를 위한 조언

" 키워드를
적어보자! "

타인의 말을 경청하는 ISFJ는 자기표현이 어렵다. 논리적으로 정리해서 말하는 것은 원활한 조직 생활을 위해서 필요한 능력 중 하나이다. ISFJ의 경청을 잘하는 점을 활용하자! 누가 무엇을 잘하는지, 어떤 일에 관심이 많은지, 어떤 일을 싫어하는지 등 키워드를 나열하자. 나열된 키워드로 마인드맵을 정리하면 어떨까? 이것을 꼭 말로 다시 풀어야 할 필요는 없다. 그리고 그 마인드맵에 숫자를 적어 업무의 우선순위를 정한다. 혹은 업무 배분할 사람의 이름을 적는 것도 좋다. 필요 업무를 정리하는 것은 연습을 통해 발전할 수 있는 능력이다. 마인드맵부터 시작해 보자!

MBTI

리더와 팔로워를 위한 체크 리스트

♥ ISFJ를 위한 체크리스트

✱ 리더십

현재 하는 업무의 결과를 한 번쯤 예측해 보았다. ····················· (예 / 아니요)

객관적인 기준을 토대로 업무를 배분한다. ···························· (예 / 아니요)

나의 의견이나 생각을 하루에 한 개 이상 공유한다. ················· (예 / 아니요)

오늘도 팀의 분위기를 즐겁게 만들었다. ····························· (예 / 아니요)

융통성을 발휘해서 말하지 않고도 타인과 함께하는 방법을 안다. ····· (예 / 아니요)

타인의 의견을 객관적으로 수용할 수 있다. ·························· (예 / 아니요)

✱ 팔로워십

나의 업무를 요약하고 정리한다. ··································· (예 / 아니요)

오늘 할 일을 모두 마쳤다. ·· (예 / 아니요)

오늘 하루 올라왔던 감정을 추스르는 시간을 갖는다. ················ (예 / 아니요)

직장 동료와 리더와의 관계가 즐겁고 쾌활하다. ···················· (예 / 아니요)

지금 하는 업무의 미래가치를 생각한다. ···························· (예 / 아니요)

갑작스러운 회사의 변화를 수용할 수 있다. ·························· (예 / 아니요)

♥ 주기능의 단점을 보완하고 부기능을 향상하는 방법을 하나씩 해봅니다.

♥ ISFJ를 위한 정리파일

나의 주기능(Si)은
어떤 보완할 점이 있을까요?

Si
주기능

나의 부기능(Fe)은 의사소통에
어떤 장점을 가져다 주나요?

Fe
부기능

당신의 주기능과 부기능의 건강한 성장을 응원합니다.

ENTJ

전략적인 도전러

♥ ENTJ 의사소통 스타일

경쟁적인

신속한

정보를
통합하는

혁신적인
아이디어

주도권을
가지고
이끄는

거시적인
안목

논리적인

통제하는

ⓥ ENTJ '조해리의 창'

ENTJ는 경쟁적이며 논리적이다. 경쟁적인 성격유형의 공통점은 타인의 의견을 경청하는 것이 어렵다는 점이다. 어떻게 생각하면 모두의 의견을 들으면 불도저처럼 나가기 힘드니 이런 성향도 맞는 것 같다. 또한 주기능이 사고N로 자신과 타인의 감정에 둔감하다. 나도 알고 남도 아는 나 그리고 정보(열린 자아)는 평균적일 수 있고, 나는 모르고 남이 아는 나 그리고 정보(눈먼 자아)는 열린 자아와 비슷할 수 있다. 또한 숨겨진 자아는 크지 않을 것이다. 이에 S와 L 모두 55점으로 기재해 S 점수 '자기노출'이 L 점수 '피드백'과 비슷하게 기재했다.

💙 〈조해리의 창〉 결과는 MBTI 특성에 따른 예측치이므로 참고하자!

♥ ENTJ 유형 특징

전략적이고
진취적이며
직관의 통찰력을 가진다

업무에 미래의 비전에 관한 장기적인 관점에서 접근하며, 거시적인 통찰력을 지닌다. 결단력이 있으며 목표에 전략적으로 나아가는 진취적인 면이 있다. 이들은 감정에 치우치지 않으며 논리적으로 개념화해 표현하는 능력을 가진다. 거시적인 안목이나 개념이 필요한 컨설팅이나 전문직 분야, 금융 분야에서 강점을 보인다. 복잡한 개념을 잘 이해하며 능숙하게 일 처리를 잘하며 이에 따른 성공을 희망한다. 다만, 너무 목표나 전략에 심취한 나머지 타인의 감정을 간과하며, 타인의 의견에 심사숙고하지 못하는 경향이 있어 주의가 필요하다.

♥ 좋고 나쁜 성격은 없다. 이 설명은 해당 유형의 특징이며, 장단점을 의미하는 것이 아님을 참고하자!

♥ ENTJ 주기능과 부기능

🏅 주기능

ENTJ의 주기능은 사고ᵀ로 에너지를 외부(e)로 사용한다. 체계적으로 자기 논리를 적극적으로 표현하며, 타인이 의견에 따르기를 기대한다. 효율성을 위해 논리를 재구성하고 조직화하는 것에 능하며, 신속히 처리하고 경쟁적이다.

🏅 부기능

ENTJ 주기능의 단점을 보완하기 위해 직관ᴺ을 내면(i)으로 사용하는 것이 부기능이다. 거시적인 안목으로 문제를 바라보고 비전을 제시하며, 장기적인 성장과 전략적인 해결방안을 선호한다. 창의적인 아이디어를 즐긴다.

TIP

주기능이 T이고 부기능이 N인 ENTJ는 경쟁적이며, 비판적이며 빠른 업무처리를 선호한다. ENTJ 리더에게 회의에서는 결론부터 말하고 논리에 입각한 자료를 준비하는 것이 좋다. 무엇보다 자신감 있게 발표하자!

⊙ ENTJ 리더십 유형

ENTJ는 업무 의지가 높아 구성원이 목표를 달성해 관계에서 신뢰와 존경이 생기는 팀형은 '높음'으로 체크했다. 목표 의식이 높지만, 타인의 감정을 고려하지 못하는 점을 반영했다. 인간관계를 잘 유지해 즐거운 분위기를 형성하는 인간형은 '보통'으로 체크했다. 맡은 바 임무를 최소한으로 하는 무관심형은 '매우낮음'으로 체크하고, 일의 능률을 올리는데 인간적 요소의 간섭이 일어나지 않게 하는 과업형은 '보통'으로 체크했다. 이처럼 리더십 유형의 많은 부분에 타인의 감정을 고려하는 요소가 포함되는 점을 한 번 더 생각하게 한다.

＊ 리더십 유형 ENTJ

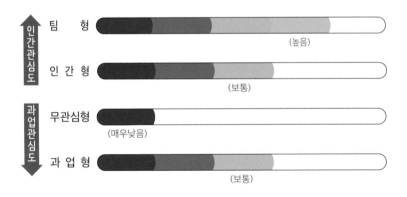

ENTJ는 인간관심도가 더 높으나, 이는 팀형과 인간형에 업무성과 항목이 있어서일 뿐 타인에게 관심이 높은 것이 아니라는 점을 기억하자!

에피소드

ENTJ는 추진력과 결단력이 있어 목표에 맞게 사람과 자원의 전략을 짜는데 뛰어나다. 거기에 창의력 있는 아이디어까지 있어 리더로 활동한다면 뛰어난 역량을 발휘할 수 있다.

ENTJ는 오전에 출근하자마자 눈에 불을 켜고 자판을 두드리기 시작한다. 어제 온 메일과 오늘 할 일을 체크하며 숨 쉬는 시간까지 아껴 일하고 있다. 윤 과장은 보고서를 들고 ENTJ에게 간다. 보고서를 받은 ENTJ는 말없이 30초 정도 보고서를 휙휙 넘기며 본다.

> **윤 과장** 부장님~ 지난주 말씀하신 4/4분기 전략 계획 보고서입니다.
>
> **ENTJ** (말없이 보고서를 보다가) 4/4분기 전략 계획에 비용, 인력, 운영 계획을 넣으라고 했는데, 비용이 이전 분기에 어떠했는지 비교 데이터가 없네. 그 데이터를 프로젝트별로 나누어서 넣어요.
>
> **윤 과장** 네! 그럼 전 데이터는 분기별 데이터로 넣을까요?
>
> **ENTJ** 최근 1년 치 평균과 작년 4/4분기 데이터를 넣으면 될 거예요. 그리고 운영계획에 창의력을 좀 발휘할 수 없어요?
>
> **윤 과장** ….
>
> **ENTJ** 매번 너무 똑같잖아. 이직을 관리하기 위해서 정서 관리 방안에 주변 환경을 이용한다든지 회사 비용을 이용해서라도 복지에 관한 아이디어도 내고 생각을 좀 해봐요.
>
> **윤 과장** 주변 환경이라면 어떤 환경 말씀이실까요?

ENTJ 점심시간을 이용해서 운동이나 취미활동하고 싶어 하는 사람들도 있던데…. 아냐, 됐어! 그쪽은 내가 쓸 테니까 비용만 추가해서 제출해요.

윤 과장은 씁쓸한 표정으로 자리로 돌아왔다. ENTJ는 두 번 말하는 것을 싫어했다. 한번 말해서 팔로워가 이해하지 못하는 것 같으면 얼굴을 찌푸리며 '됐다'라는 식의 반응을 보였다. 근무 시간에는 점심 시간을 제외하고는 전차처럼 달리며 일하는 ENTJ는 늘 두 명이 일하는 것 같은 분량을 소화해 냈다. 본인이 그런 능력을 지녔으니 팔로워에 관해 칭찬이 인색한 것은 어쩌면 당연할지도 모르겠다. 윤 과장이 아무리 정성들여 보고서를 작성한다고 해도 좋은 말을 기대해서는 안 되었다.

ENTJ는 창의적이면서도 속도는 달리는 전차와 같다. 아이디어가 풍부하고 실적에 열정이 있어 최선을 다하며 근무 시간에 자신의 역량을 다해야 하므로 팔로워의 버벅 거림은 방해요인으로 인지한다. 그러니 팔로워의 말을 기다리지 못하고 자신이 빠르게 판단하고 처리하는 경향이 있다. 이런 측면에서 정서적인 인력관리가 필요하지 않으며 고도의 지식이 있어야 하는 전문직을 갖는다면 최고의 역량을 끌어낼 수 있다. 그러나 어느 조직이든 리더는 관계를 형성하기 마련이다. 좀 덜 중요하거나 더 중요한 차이점이 있을 뿐이다. 리더는 어떤 방식으로든 팔로워의 감정과 상태를 파악할 수 있어야 한다.

ⓥ ENTJ 팔로워십 유형

ENTJ는 독립/비판적 사고와 능동/적극적 참여가 둘 다 높은 모범형은 '매우높음'으로 체크했다. 독립/비판적 사고가 낮고 능동/적극성이 높은 순응형은 '보통'으로 체크했다. 이는 적극적이지만 순응적이지 않은 ENTJ의 성향을 반영한 것이다. 방관하는 수동형은 '매우낮음'으로 체크했고, 독립/비판적 사고는 높지만 능동적이지 않은 소외형은 '낮음'으로 체크했다. 이는 비판적 사고는 높지만, 행동 지향적인 이들의 성향을 반영한 것이다. 행동부터 앞서는 ENTJ는 소외형과는 거리가 있다.

＊ 팔로워십 유형 ENTJ

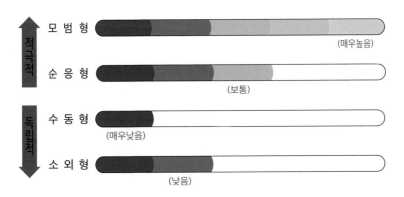

ENTJ는 적극적인 성향이 매우 강하다. 팔로워일 때 성과가 높은 유형 중 하나이지만, 비판적이라 리더에게 순응적이지만은 않을 수 있다.

에피소드

ENTJ 부장은 안 상무, 윤 과장과 회의 중이다. 인수·인계받을 회사에 관한 분석이 필요한 상황이었다.

ENTJ 인력이 더 필요해요. 이 인력으로는 운영과 지원업무를 모두 소화하기 힘들어요.

안 상무 지금 더 해야 할 일이 뭐가 남았나?

ENTJ (눈을 동그랗게 뜨고) 네? 이제부터 시작이죠.

안 상무 그러니까 어떤 일에 인력이 필요한지 보고해야 하잖아요.

ENTJ 저는 운영계획 짜고 팀장과 그룹장 면담을 진행할 거고, 윤 과장은 운영지원 관련해서 복리후생이나 급여를 정리할 건데, 채용이나 이직을 관리하고 기타 필요한 지원업무를 할 인력이 필요합니다.

안 상무 그건 제가 하면 되지 않아요?

ENTJ 상무님이요? 팀장들이 지원 필요한 물건 어디 있는지 물어보면 가져다주시려고요?

안 상무 물건? 뭘 가져다줘야 할 게 있나요?

ENTJ 상무님! 저희가 목표 인원이 천 명이 넘어요. 어떤 일이 필요할지 여기서 다 말할 순 없죠. 필요한 상황이 되면 무슨 일인지 가보고 이것저것 처리할 잡무를 맡을 인력도 필요하고, 전문적으로 채용만 담당할 사람도 필요합니다.

안 상무 일단 지금 인력으로 진행해 봐요. 좀 지나서 내가 말해볼게.

안 상무가 회의실을 나가자 ENTJ는 한숨을 쉰다.

ENTJ 아! 진짜 답답하다! 그럼 상무님이 일을 좀 하든지…. 대체 회사는 왜 나오는지 모르겠네!

ENTJ와 안 상무 사이에서 뻘쭘하게 앉아있는 윤 과장을 한번 쳐다보고는 한숨을 푹 쉬고 나가버린다.

ENTJ는 적극적인 성향이 매우 강하다. 팔로워일 때 성과가 가장 높은 유형 중 하나이기도 하지만, 비판적이라 리더에게 순응적이지 않다. 이들은 리더나 팔로워 모두 목표에 나아가기 위한 속도가 느리다고 판단되면 빠르게 차선책을 찾거나 자신이 해버리거나 하는 등 급한 성격의 소유자다. 앞의 <조해리의 창>에서 보듯이 타인의 의견을 듣기는 하나 급한 마음에 오래 듣지 못한다. 자기 의견을 이해하지 못하는 타인을 설득하는 시간을 아까워한다.

⊙ ENTJ 리더와 팔로워를 위한 조언

> ❝ 그래봤자,
> 5분이다. ❞

리더든 팔로워든 ENTJ에게 말하러 온 사람이 있다면 딱 5분만 가만히 있자! 어떤 판단도 생각도 멈추고 그들에게 5분 시간을 할애하자. 업무의 효율성, 기회비용을 늘 생각하는 ENTJ이지만 그래봤자 5분이다. 5분씩 상대의 말을 들어줬을 때 어떤 변화가 생기는지 설혹 알아차리기 힘들다 하더라도 그 5분은 조직 생활에서 꼭 필요하다는 것을 잊지 말자!

5분이다.

mBTI

리더와 팔로워를 위한 체크 리스트

♥ ENTJ를 위한 체크리스트

＊ 리더십

자기 전 조용히 3분 이상 일과를 정리한다. ·························· (예 / 아니요)

나만의 회사생활의 노하우를 팔로워에게 공유한다. ············ (예 / 아니요)

나의 열정을 타인에게 강요하지 않는다. ························· (예 / 아니요)

팔로워의 말을 3분 이상 들을 수 있다. ························· (예 / 아니요)

현재 하는 업무의 결과를 한 번쯤 예측해 보았다. ············ (예 / 아니요)

나와 가치가 다른 타인의 말을 수용할 수 있다. ············· (예 / 아니요)

＊ 팔로워십

리더의 전달 사항을 3분 이상 집중해서 듣는다. ··············· (예 / 아니요)

오늘 하루 올라왔던 감정을 추스르는 시간을 갖는다. ·········· (예 / 아니요)

늘 하던 업무에 창의력을 발휘할 수 있다. ···················· (예 / 아니요)

때로는 나의 감정을 타인에게 오픈하지 않을 수 있다. ········· (예 / 아니요)

즉흥적인 대응이 누구보다 빠르다. ··························· (예 / 아니요)

비판적인 의견을 상대가 불쾌하지 않게 전달할 수 있다. ·········· (예 / 아니요)

♥ 주기능의 단점을 보완하고 부기능을 향상하는 방법을 하나씩 해봅니다.

♥ ENTJ를 위한 정리파일

나의 주기능(Te)은
어떤 보완할 점이 있을까요?

Te
주기능

나의 부기능(Ni)은 의사소통에
어떤 장점을 가져다 주나요?

Ni
부기능

♥ 당신의 주기능과 부기능의 건강한 성장을 응원합니다.

INTJ

지적인 독립러

◉ INTJ 의사소통 스타일

독립적인

비판적

핵심이
있는

폭넓은
사고방식

논리적인
의사소통

거시적인
관점

논리적
분석

칭찬에
인색한

⊙ INTJ '조해리의 창'

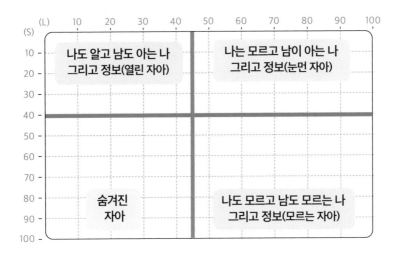

지적이며 독립적인 INTJ는 자기 오픈도 어려울뿐더러 타인에 관한
관심도 거의 없다. 이러한 성향이 전문직에서 홀로 연구에 몰두하는
직업에 적합한 이유이기도 하다. 좋은 성격, 나쁜 성격은 없다는 것을
한 번 더 강조하고 싶다. 나도 알고 남도 아는 나 그리고 정보(열린 자
아)는 크지 않으며, 나는 모르고 남이 아는 나 그리고 정보(눈먼 자아)
의 크기가 더 클 수 있다. 나는 아는데 남이 모르는 나(숨겨진 자아)가
열린 자아보다 클 수 있다. 이에 S는 40점, L은 45점으로 기재해 L 점
수 '피드백'이 S 점수 '자기노출'보다 높을 수 있으니 참고하자!

<조해리의 창> 결과는 MBTI 특성에 따른 예측치이므로 참고하자!

⊙ INTJ 유형 특징

지적이며
주관이 뚜렷하고
결단력 있다

INTJ는 추상적이고 복잡한 이론을 개념화하는 지적인 면을 지닌다. 이들은 검증, 논리를 통해 문제를 객관적으로 검토하면서도 이를 해결할 창의적인 방안을 도출하는 과학자와 같다. 어느 유형도 지적인 면에서는 따라오기 힘든 최고의 통찰력을 자랑한다. 천문학자와 같은 기술 분야, 전문직 분야, 수학 교사와 같은 교육 분야에서 강점을 보인다. 자신의 논리에 의한 주관이 있어 회의에서 객관적 자료를 토대로 대화하는 것이 좋다. 다만, 자기만의 탁월한 점을 인지하며 타인에 대한 기준도 높으며 칭찬이나 감사 표현에 냉정하며 지나치게 독립적인 성향은 협업이 힘들어 주의가 필요하다.

♥ 좋고 나쁜 성격은 없다. 이 설명은 해당 유형의 특징이며, 장단점을 의미하는 것이 아님을 참고하자!

💙 **INTJ 주기능과 부기능**

🏅 **주기능**

INTJ의 주기능은 직관N으로 에너지를 내면(i)으로 사용한다. 직관은 문제나 사물 이면의 의미, 영감, 미래의 가능성에 초점을 둔다. 혁신적이며 창의적인 의견을 제시하며 광범위한 사고방식을 가진다.

🏅 **부기능**

INTJ 주기능의 단점을 보완하기 위해 사고T를 외부(e)로 사용하는 것이 부기능이다. 논리적이며 체계적이고 자기 의견을 서슴지 않고 표현한다. 타인의 의견에 비판적이며, 사고를 도식화하고 체계화하는 데 일가견이 있다.

TIP

주기능이 N이고 부기능이 T인 INTJ는 거시적인 시야와 함께 체계적인 사고를 하므로 어느 유형보다 똑똑하다. 그러나 타인 의견에 비판적이며 타인의 감정을 고려하지 않고 지나치게 논리적이어서 주의가 필요하다.

⊙ INTJ 리더십 유형

INTJ는 업무 의지가 높아 조직 목표를 달성하므로 팔로워와 신뢰와 존경 관계가 생기는 팀형은 '보통'으로 체크했다. 이들은 고차원의 논리를 펼쳐 타인의 의견에는 비판적임을 반영했다. 인간관계를 잘 유지하며 즐거운 분위기를 형성하는 인간형은 '낮음'으로 체크했다. INTJ는 즐거운 분위기에는 관심이 낮다. 맡은 바 임무를 최소한으로 하는 무관심형은 '보통'으로 체크했다. 자기의견과 상반되는 업무에 무관심할 수 있어 이를 반영했다. 일의 능률을 올리는데 인간적 요소의 작업조건을 갖추는 과업형은 '낮음'으로 체크했다.

＊ **리더십 유형** `INTJ`

인간관심도

팀 　 형
(보통)

인 간 형
(낮음)

과업관심도

무관심형
(보통)

과 업 형
(낮음)

INTJ는 인간관심도와 과업관심도가 모두 낮다. 그러나 전문직은 팀원의 정서 관리의 중요도가 낮아 부정적인 것만은 아니니 참고하자!

에피소드

INTJ는 제약회사 연구원이다. 이번에 개발할 약에 관해서 미팅이 필요한 상황이라 메일을 적고 있다. 팔로워별로 각각 해야 할 일을 적고 자료에 관한 정보를 첨부한다. 이번 실험은 3개월의 기간이 필요한 거로 사원별로 목표와 계획에 관해 메일로 회신 요청을 한다. 마지막으로 질문이 있으면 메일이나 자기에게 직접 질문해 달라고 기재하고 마무리했다.

다음 날 김 사원이 자료를 들고 INTJ의 실험실로 왔다.

> **김 사원**   안녕하세요~ 팀장님!
>
> **INTJ**   안녕하세요! 김 사원 무슨 일이죠?
>
> **김 사원**   어제 보내주신 자료 중에 궁금한 게 있어서요. A 약품과 B 약품을 실험하려면 시간이 일주일 정도 소요되는데 지금 경우의 수가 2개월 안에 끝날 수 없을 거 같아서요. 그럼 3개월 안에 실험이 끝나기 어려울 거 같은데요.
>
> **INTJ**   A 약품과 B 약품은 C 촉진제를 사용하면 더 빨리 진행될 수 있지 않은가요?
>
> **김 사원**   그렇긴 한데, 약품의 안전성을 위해서 촉진제를 사용하지 않고 실험하는 게 더 낫지 않을까 싶어서요.

INTJ와 김 사원은 이론적인 논쟁을 통해 경우의 수를 줄이는데 성공했다.

> **INTJ** 이렇게 하면 2개월 안에 종료할 수 있으시겠죠?
>
> **김 사원** 네! 그렇네요! 이렇게 진행하도록 하겠습니다. 감사합니다.
>
> **INTJ** 수고하세요.

INTJ는 진행하던 실험을 계속했다.

INTJ의 리더십 관련해서 일화를 적는 것은 쉽지 않다. 미팅이 필요한 일도 메일로 처리하는 INTJ는 가장 독립적인 유형이라 해도 과언이 아니다. 감정적이거나 개인적인 이유는 불필요한 내용으로 인식하는 경향이 있다. <조해리의 창> 예측 결과에서 자기노출 S가 40점, 피드백 L이 40점으로 전체 유형 중 점수가 가장 낮다. 이들은 차갑도록 무뚝뚝하다. 그러나 사고를 도식화하고 체계적인 사고방식으로 문제에 접근하는 능력은 뛰어나다. 그래서 INTJ는 명확한 사고, 논리, 논증, 관찰이 필요한 다양한 전문직에서 볼 수 있다. INTJ 리더에게는 이론적으로 접근해야 하며, 이메일 등을 활용하는 것도 나쁘지 않다.

♡ INTJ 팔로워십 유형

INTJ는 독립/비판적 사고와 능동/적극적 참여가 둘 다 높은 모범형은 '높음'으로 체크했다. 독립/비판적이며 능동적으로 업무에 임하지만, 팀원과 함께하는 것이 아닌 혼자 업무에 임하려는 성향을 반영했다. 독립/비판적 사고가 낮고 능동/적극성이 높은 순응형은 '낮음'으로 체크했다. 또한, 방관하는 수동형은 '매우낮음'으로 체크했으며, 독립/비판적 사고는 높지만, 능동/적극적 참여가 낮은 소외형은 '매우높음'으로 체크했다. 이는 팀의 협력이 필요한 상황에서도 독립적으로 업무에 임하려는 INTJ의 성향을 반영한 것이다.

* **팔로워십 유형** `INTJ`

INTJ는 적극적이며 독립적이다. 이는 관심 있는 분야에서 더 빛을 발하기 때문에 관심 분야의 업무를 제공한다면 최고의 결과를 볼 수 있다.

에피소드

INTJ는 회의실에 앉아 혼자 노트북으로 작업 중이다. 처음에는 일반 업무로 입사했다. 한 달이나 교육받고 투입된 현업에서 INTJ의 실적은 2~3개월이 지나도 나아지지 않았다. 그러던 어느 날 회식 중에 프로그램을 다룰 줄 안다는 것을 팀장에게 말했다.

며칠이 지나고 윤 팀장은 회사의 홈페이지와 사내에 필요한 자료를 사원에게서 수집하는 등 다양한 업무가 필요하다며 이 업무가 괜찮으면 해보겠냐고 물었다. INTJ 입장에서는 나쁘지 않았다. 현재 업무가 적응되지 않아 고민하던 차에 좋은 기회라는 생각이 들었다. 가장 좋은 점은 혼자 일할 수 있다는 것이다. 노트북을 들고 회의실에 혼자 앉아있자면 사무실에서 시끌시끌하던 것이 가라앉는 것 같아 평온함을 되찾는 느낌이었다.

없던 자리가 생긴 거나 다름이 없어서 INTJ가 하루 동안 업무한 것에 관해 간단하게 보고서를 작성했다. 오늘은 홈페이지의 이 작업을 마쳤고, 내일은 이 작업을 할 예정이고 총 기한이 어느 정도 걸릴 예정인지 말 그대로 간단하게 계획만 적는 보고서이다. 가끔 팀장이나 센터장이 와서 이런 기능, 저런 기능도 가능한지 가능하다면 작업에 반영해달라 하는 정도가 일과의 전부였다.

오늘은 홈페이지에 디자인을 넣는 날인데, 예쁜 시안을 넣으려고 이것저것 검색하며 찾고 있다. 어떤 디자인이 괜찮을지 몰라 후보 몇 개를 적어 팀장님께 메일을 보낸다. 색상과 디자인이 확정되면 세부 내용을 넣고 그러면 거의 마무리가 될 것 같았다. 회사 홈페이지를 다 만들면 다시 현업에 투입될지 현재로서는 알 수 없지만 일단 지금 일에 열중하기로 한다.

INTJ는 독립적으로 혼자 일할 때 더 빛을 발하는 유형이다. 그렇다고 프리랜서를 뜻하는 것은 아니다. 회사 내에서도 혼자 일하는 분야가 얼마든지 있다. 리더는 INTJ의 성향을 파악하고 적재적소에 맞는 업무에 투입하도록 살펴야 한다. 이들은 다른 유형에 비해 특기를 가지고 있을 수 있으니, 파악하고 적용하자!

⊙ **INTJ 리더와 팔로워를 위한 조언**

> ❝ 열심히 일한 당신
> 떠나요. ❞

한때 유행했던 광고의 카피 문구이다. 오래된 광고일지도 모르겠다. 이 말이 딱 어울리는 유형이 INTJ이다. 융통성이 없고 고지식한 INTJ는 워커홀릭이라 일상생활을 희생하며 업무에 임하기 때문에 종종 타인에게도 이런 희생을 요구한다. 그러나 이제 한국 사회는 변하고 있다. 가끔은 융통성을 발휘해서 여행을 가거나 거창하게 여행까지 어렵다면 아주 작은 휴식이라도 가져보자! 영화를 본다든지, 혼자 산책하는 것도 좋고, 커피숍에서 조용히 음악을 듣거나 맛있는 음식을 먹는 것도 좋다. 그리고 INTJ는 사고T를 외부로 향하는(e) 것이 부기능이라 누군가와 논리적인 대화를 하면 스트레스 해소에 도움이 된다. 가끔은 내게 시간을 주자! 앞으로 새털같이 많은 날이 남았다.

MBTI

리더와 팔로워를 위한 체크 리스트

⊙ INTJ를 위한 체크리스트

＊ 리더십

현재 하는 업무의 결과를 한 번쯤 예측해 보았다. ················ (예 / 아니요)

업무에 관한 내용을 주기적으로 정리한다. ···················· (예 / 아니요)

팔로워의 말을 3분 이상 들을 수 있다. ······················ (예 / 아니요)

나와 가치가 다른 타인의 말을 수용할 수 있다. ················ (예 / 아니요)

타인의 의견을 객관적으로 수용할 수 있다. ··················· (예 / 아니요)

객관적인 기준을 토대로 업무를 배분한다. ···················· (예 / 아니요)

＊ 팔로워십

오늘 하루 올라왔던 감정을 추스르는 시간을 갖는다. ············ (예 / 아니요)

내일 할 일을 미리 생각할 수 있다. ························· (예 / 아니요)

갑작스러운 회사의 변화를 수용할 수 있다. ··················· (예 / 아니요)

비판적인 의견을 상대가 불쾌하지 않게 전달할 수 있다. ·········· (예 / 아니요)

업무에 관해 기억하는 세부사항을 정리한다. ·················· (예 / 아니요)

지금 하는 업무의 미래가치를 생각한다. ····················· (예 / 아니요)

♥ 주기능의 단점을 보완하고 부기능을 향상하는 방법을 하나씩 해봅니다.

♥ **INTJ**를 위한 **정리파일**

나의 주기능(Ni)은
어떤 보완할 점이 있을까요?

Ni
주기능

나의 부기능(Te)은 의사소통에
어떤 장점을 가져다 주나요?

Te
부기능

당신의 주기능과 부기능의 건강한 성장을 응원합니다.

ENTP

논리적인 열정러

⊙ ENTP 의사소통 스타일

독립적인

새로운

연관성
탐색

그래프를
선호하는

혁신적인
아이디어

토론을
즐기는

논리적
분석

열정적인

⊙ ENTP '조해리의 창'

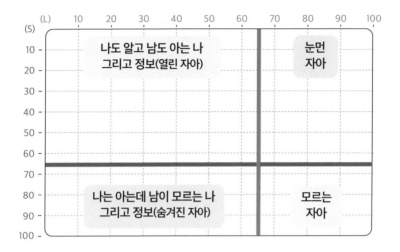

독창적이고 창의적인 ENTP는 자기표현으로 사람들을 자극해 독려한다. 이런 이유로 나도 알고 남도 아는 나 그리고 정보(열린 자아)는 클 수 있으며, 나는 모르고 남이 아는 나 그리고 정보(눈먼 자아)는 크지 않을 수 있다. 틀에 박힌 것을 싫어하는 성향은 나는 아는데 남이 모르는 나 그리고 정보(숨겨진 자아)도 어느 정도 있을 것이다. 타인과 다른 나를 계속 오픈하는 것은 힘들 수 있으니 말이다. 이에 S는 65점, L은 65점으로 기재해 S 점수 '자기노출'과 L 점수 '피드백'이 비슷할 수 있으니 참고하자!

> <조해리의 창> 결과는 MBTI 특성에 따른 예측치이므로 참고하자!

ⓥ ENTP 유형 특징

> 전체 맥락을
> 새로운 방식으로
> 해석한다

ENTP는 다양한 자료를 읽고 전체 맥락을 읽어내는 것에 능하다. 호기심이 높아 새로운 지식을 습득하며 이러한 자료를 자기만의 방법으로 재해석이 가능하다. 기획이나 개발 분야, 마케팅이나 크리에이티브 분야, 정치 분야에서 두각을 나타내는 것은 이 때문이다. 문제 이면의 다른 의미를 잘 살피며, 새로운 업무에 긍정적이고 긍정적이다. 자신만의 창의적인 방식으로 문제를 해결하며 다양한 가능성에 열린 사고를 한다. 동시에 여러 가지 일을 벌이는 경향이 있고 끝까지 마무리하는 것을 힘들어하는 경향이 있어 주의가 필요하다.

> 좋고 나쁜 성격은 없다. 이 설명은 해당 유형의 특징이며, 장단점을 의미하는 것이 아님을 참고하자!

⊙ ENTP 주기능과 부기능

주기능

ENTP의 주기능은 직관N으로 에너지를 외부(e)로 사용한다. 미래 가능성과 의견을 공개적으로 토론하는 것을 즐기며, 열정적이고 도전을 두려워하지 않는다. 반복적인 것을 싫어하고, 세부 사항을 설명하는 것을 선호하지 않는다.

부기능

ENTP 주기능의 단점을 보완하기 위해 사고T를 내면(i)으로 사용하는 것이 부기능이다. 주기능인 직관으로 나눈 다양한 아이디어를 통합하고 체계적으로 변환한다. 문제와 해결방안을 모색하기 위해 논리적으로 분석한다.

TIP

주기능이 N이고 부기능이 T인 ENTP는 독립적이며 자유로운 환경을 선호한다. 혼자 연구하고 생각하는 업무환경을 만들어준다면 더 좋은 결과물을 제출할 것이다.

⊙ **ENTP 리더십 유형**

ENTP는 업무 의지가 높아 목표를 달성하고 팔로워와 신뢰와 존경 관계가 생기는 팀형은 '높음'으로 체크했다. 열정적이며 타인 의견을 존중하지만, 세부 계획이 부족해 다른 아이디어가 생기면 변경해 팔로워의 혼동을 일으켜 이를 반영했다. 인간관계를 잘 유지하며 즐거운 분위기를 형성하는 인간형은 '높음'으로 체크했다. 임무를 최소한으로 하는 무관심형은 '낮음'으로 체크했으며 일의 능률을 올리는데 인간적 요소의 간섭이 일어나지 않게 하는 과업형은 '높음'으로 체크했다. 이면의 의미를 알아차리며 정보를 통합하는 능력을 반영했다.

＊ 리더십 유형 `ENTP`

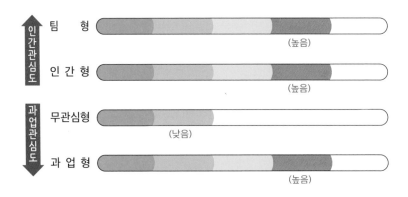

ENTP는 인간관심도와 과업관심도가 비슷하게 높다. 아이디어를 공유하기 전에 정리하는 시간을 가지면 팀형을 '매우높음'으로 올릴 것이다.

에피소드

ENTP는 카페에 앉아 글을 쓰고 있다. 다양한 논문을 읽고 특정 주제에 맞는 내용을 각출해 스토리텔링하는 것이 ENTP의 업무이다. 이번 주제는 '감정노동'으로 직업에 따라 어떻게 다른지 살피고 있다.

먼저 감정노동은 어떤 감정을 표현하느냐에 따라 세 가지 종류로 나뉜다. 웃으며 친절과 공감을 표현하는 긍정적 감정노동, 무표정으로 공정함과 단호함을 표현하는 중립적 감정노동, 화나는 표정으로 타인에게 강요하거나 행위를 중단해야 하는 부정적 감정노동이다.

계속 이 작업만 하다 보니 놀라운 사실이 눈에 띄었다. 국민연금공단에서 죽음으로 연금을 수령한 자료를 토대로 보면 한 직업에서 한 개 이상의 감정노동이 필요한 직업(대표적으로 교사)의 평균수명이 국민의 평균수명에 미치지 못하는 내용이었다. 교사는 평소에 친절해야 하며, 학생이 말썽을 피우거나 하면 무표정으로 중단해야 하는 중립적 감정노동을 수행해야 한다. 이 상황보다 더 심각한 상황이라면 부정적 감정노동을 수행해야 할 수도 있다. 과학 교사의 연구에서 실험 시 안전하지 않을 수 있는 상황에서는 부정적 감정노동을 표현해 이러한 학생의 위험한 행동을 중단한다는 내용이 포함되어 있다. 또한, 부정적 감정노동을 표현하는 직업군인 경찰과 소방관의 연금 수령 나이는 안타깝게도 한참 더 아래였다. 경찰과 소방관에 대한 존경의 마음이 올라왔다.

또한 공정함을 표현하는 중립적 감정노동에 해당하는 의사도 감정노동이 발생하지만 근무 시간, 연봉, 근무환경에 관한 선택 등 '직업별 자유도'가 높은 직업은 감정노동을 스스로 해소하는 경향이 있었다. ENTP는 혼자 생각한다. '직업별 자유도'가 있구나! 같은 장소에서 업무하지만, 간호사의 감정노동은 훨씬 더 높은 것으로 나타났다. 생각해보면 같은 여자라도 의사는 화장이나 헤어스타일에서 자유롭지만, 이에 반해 간호사는 풀 메이크업에 머리는 항상 모두 묶은 상태였다. 의학적으로 필요한 복장이라면 의사는 왜?

ENTP는 카페에 앉아 글을 쓰며 생각한다. '세월호 사건' 같은 현장에서 근무한 소방관, 경찰관은 다양한 정신질환에 시달려야 했다. 그러나 그것을 관리할 국가의 책임은 없어 보인다. 놀랄 만큼 경제를 성장시킨 우리는 이제 내면의 성장이 필요한 시기를 맞이하고 있다.

ENTP는 자기 생각을 열심히 노트북에 옮긴다. 이 글을 토대로 '불만고객 응대과정' 이러닝 과정을 촬영하기로 이미 계약했으며, 교재는 출간되는 책을 사용하기로 해 책도 출판사와 계약을 진행했다. 담당자와 기간을 잘 조율하며 원고를 마무리했다.

전체 맥락을 읽고 재해석하는 데 일가견이 있는 ENTP는 기존의 틀을 깨며 새로운 도전에 열려있다. 그러나 이들은 독립적으로 조직적이고 체계적인 업무에 부담을 느끼며 타고난 호기심을 바탕으로 하는 일을 좋아한다. 독립적인 ENTP는 다양한 사람과 함께 일하지만 실은 혼자 일하는 것(생각 정리 시간이 필요한)을 선호한다. 다양한 형태의 조직이 있을 수 있으니 프리랜서 성향을 띄며 다양한 사람과 일하는 리더십을 ENTP에서 표현하고자 했다.

⊙ ENTP 팔로워십 유형

ENTP는 독립/비판적 사고와 능동/적극적 참여가 둘 다 높은 모범형은 '매우높음'으로 체크했다. 타인과의 관계도 쉽게 맺으며 비판적 사고를 나누는 것을 즐기는 성향을 반영했다. 독립/비판적 사고가 낮고 적극성이 높은 순응형은 '높음'으로 체크했다. 생각이 다르더라도 사교성이 좋아 타인의 의견을 따르는 성향을 반영했다. 방관하는 수동형은 '매우낮음'으로 체크했으며 독립/비판적 사고는 높지만, 적극성이 낮은 소외형은 '높음'으로 체크했다. 비판적 사고를 혼자 정리하는 시간이 필요한 성향을 반영했다.

＊ 팔로워십 유형 **ENTP**

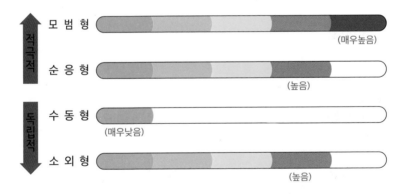

ENTP는 능동적이며 적극성이 높지만, 독립성도 있다. 스스로 하거나 협업하는 업무 모두에 적합하며 특히 창의력이 필요한 업무도 좋다.

에피소드

윤 사원은 모닝커피를 한 잔 마시려고 휴게실에 다녀오는 길이다. 지나가는 길에 ENTP의 책상을 보며 놀라며 말을 건넨다.

> 윤 사원   너 책상 위에 이게 다 뭐야?

> ENTP   지난번에 팀장님이 추천하신 자격증에 이번에 도전해 보려고! 너도 같이할래?

> 윤 사원   근데, 자격증 책 말고 이건 다 뭐야?

> ENTP   자격증을 검색하다 보니까 그간 하고 싶었던 자격증이 이것저것 생각나서 내용이 어떨까 싶어 책부터 사봤어.

> 윤 사원   제과제빵 기능사, 컴퓨터활용능력, 바리스타 자격증…. 이걸 한꺼번에 하려고?

> ENTP   아니! 한꺼번에 어떻게 해. 우선 회사 자격증부터 따고 하나씩 하려고….

> 윤 사원   근데, 제과제빵이랑 바리스타는 왜?

> ENTP   만약에 회사를 그만두게 되면 넌 뭐 할거 같아?

> 윤 사원   글쎄? 생각 안 해봤는데….

> ENTP   난 아침에 커피를 내리고 레몬 쿠키를 굽는 운치 있는 카페를 하고 싶어. 레몬 쿠키를 오븐에 넣어놓고 재즈를 들으며 커피 향과 함께 책을 읽는 거지.

> 윤 사원   퇴사할 거야?

ENTP 아니! 미래를 준비하는 거야. 너도 더 먼 미래를 가끔이라도 생각해 봐! 인생은 어떻게 될지 모른다니까….

윤 사원 응, 그래! 근데 책상 정리부터 해야겠다. 머리가 어지러운 거 같아.

ENTP 하하하! 너도 참! 이렇게 펼쳐놓고 우선순위를 정하는 거야. 어느 쪽 에너지가 강한지 느낌으로 말이야. 아직 못 골랐지만 말이야.

윤 사원 그래, 열심히 에너지 느껴봐!

윤 사원은 웃으며 자리로 돌아갔다.

ENTP는 반복적인 일을 싫어한다. 무료한 회사생활 안에서 변화를 줄 수 있는 무언가를 살피던 ENTP의 관심에 자격증이 꽂힌 것이다. 밝고 쾌활하며 에너지가 넘치는 ENTP는 간혹 가능성에 집중하다 현실적인 정보들을 간과하는 경우가 있다. 생각해 보면 좌충우돌해야 성장하는 것이 인간사이긴 하지만, 뭐든 너무 과하면 좋지 않으니 어느 정도 선에서 정리할 수 있도록 하자!

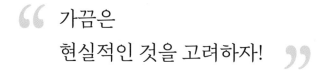 ENTP 리더와 팔로워를 위한 조언

> " 가끔은
> 현실적인 것을 고려하자! "

아이디어가 쏟아지고 창의력이 돋보이는 ENTP는 간혹 현실적인 면을 간과하기도 한다. 이들은 열정이 넘쳐 일단 일을 시작하고 보는 경향이 있어 주의가 필요하다. 말 그대로 몸으로 부딪쳐 리스크를 알아내는 유형이니, 조금만 더 현실적인 것을 고려하고 업무의 우선순위를 정한다면 인생사 고생을 덜 수 있다. 현실은 그렇다. 늘 계산적이고 체계적인 것도 꽉 막힌 것 같아 답답하지만, 늘 먼저 일을 벌이는 것도 문제가 될 수 있다. 일을 시작하기 전에 구체적인 것을 몇 가지 적어보고 알아본다면 ENTP의 아이디어를 현실적으로 더 많이 펼칠 수 있을 것이다.

MBTI

리더와 팔로워를 위한 체크 리스트

⊙ ENTP를 위한 체크리스트

＊ 리더십

자기 전 조용히 3분 이상 일과를 정리한다. ·························· (예 / 아니요)

현재 하는 업무의 결과를 한 번쯤 예측해 보았다. ················ (예 / 아니요)

나의 의견이나 생각을 하루에 한 개 이상 공유한다. ·············· (예 / 아니요)

나와 가치가 다른 타인의 말을 수용할 수 있다. ················· (예 / 아니요)

업무의 우선순위를 정하고 일을 시작한다. ····················· (예 / 아니요)

객관적인 기준을 토대로 업무를 배분한다. ····················· (예 / 아니요)

＊ 팔로워십

리더의 전달 사항을 3분 이상 집중해서 듣는다. ················ (예 / 아니요)

직장 동료와 리더와의 관계가 즐겁고 쾌활하다. ················ (예 / 아니요)

업무에 실수가 있다면 <체크 리스트>를 작성할 수 있다. ·········· (예 / 아니요)

오늘 할 일을 모두 마쳤다. ································· (예 / 아니요)

오늘 하루 올라왔던 감정을 추스르는 시간을 갖는다. ············ (예 / 아니요)

내일 할 일을 미리 생각할 수 있다. ························· (예 / 아니요)

❤ 주기능의 단점을 보완하고 부기능을 향상하는 방법을 하나씩 해봅니다.

♡ ENTP를 위한 정리파일

> ### 나의 주기능(Ne)은
> ### 어떤 보완할 점이 있을까요?
>
> **Ne**
> 주기능

> ### 나의 부기능(Ti)은 의사소통에
> ### 어떤 장점을 가져다 주나요?
>
> **Ti**
> 부기능

> ♥ 당신의 주기능과 부기능의 건강한 성장을 응원합니다.

INTP

혁신적인 통합러

⊙ INTP 의사소통 스타일

요약하는

과묵한

고정관념
깨는

혁신적
사고

인과관계
강조

융통성
있는

분석적

통합하는

⊙ INTP '조해리의 창'

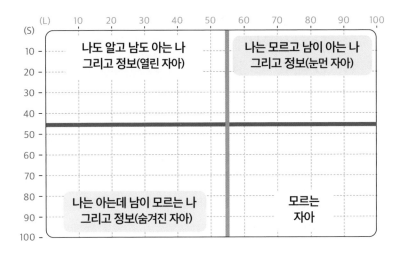

(L) 10 20 30 40 50 60 70 80 90 100
(S)
10 — 나도 알고 남도 아는 나 그리고 정보(열린 자아) 나는 모르고 남이 아는 나 그리고 정보(눈먼 자아)
20 —
30 —
40 —
50 —
60 —
70 —
80 — 나는 아는데 남이 모르는 나 그리고 정보(숨겨진 자아) 모르는 자아
90 —
100 —

열린 사고방식으로 아이디어를 탐색하는 INTP는 타인의 의견이나 감정을 사고T로 받아들인다. 나도 알고 남도 아는 나 그리고 정보(열린 자아)는 크지 않을 수 있으며, 나는 모르고 남이 아는 나 그리고 정보(눈먼 자아)도 열린 자아와 비슷할 것이다. 정보나 문제를 분석하는데, 에너지를 사용해 타인과 나에게 사용할 에너지가 많지 않다. 나는 아는데 남이 모르는 나 그리고 정보(숨겨진 자아)가 열린 자아보다 클 수 있다. 이에 S는 45점, L은 55점으로 기재해 L 점수 '피드백'이 S 점수 '자기노출'보다 높을 수 있으니 참고하자!

❤
<조해리의 창> 결과는 MBTI 특성에 따른 예측치이므로 참고하자!

⊙ INTP 유형 특징

> 창의적이며
> 문제를 논리로
> 통합하고 재해석한다

창의적이며 논리적인 INTP는 복잡하고 추상적인 개념을 이해하고 논리적으로 재통합하는 능력을 지닌다. 객관적이며 합리적으로 문제를 해결하며 장기적인 계획을 세워 근본적인 문제를 해결하고자 한다. 컴퓨터 같은 기술 분야, 학술 분야, 심리학자와 같은 전문직 분야, 의료기술 분야와 같은 고학력을 요구하는 직업에서 강점을 보인다. 한 가지를 깊게 파고들어 연구한다. 이들은 기존의 틀에서 벗어나 새롭게 시도하는 것을 두려워하지 않는다. 다만, 지나치게 독립적인 성향과 타인에게 가하는 논리적인 비판은 관계적인 면에서 좋지 않을 수 있어 주의가 필요하다.

> ♥
> 좋고 나쁜 성격은 없다. 이 설명은 해당 유형의 특징이며, 장단점을 의미하는 것이 아님을 참고하자!

⊙ INTP 주기능과 부기능

 주기능

INTP의 주기능은 사고^{T}로 에너지를 자기 내면(i)으로 사용한다. 자기 논리로 문제를 관찰하고 분석하며, 복잡한 문제도 통합해 해결한다. 인과관계, 약점, 강점 등을 빠르게 파악하며, 해결책을 개념화해 정밀한 언어로 표현한다.

 부기능

INTP 주기능의 단점을 보완하기 위해 직관^{N}을 외부(e)로 사용하는 것이 부기능이다. 주기능인 사고를 직관을 사용해 장기적인 전략으로 개념화한다. 융통성이 있으며, 자신의 방식으로 자유롭게 일하는 것을 선호한다.

TIP

INTP는 혁신적으로 사고하고 그 논리를 통합해 개념화한다. 그러나 정보를 타인에게 공유하지 않으니 언어로 표현하는 능력이 높은 점을 활용해 주기적으로 보고서를 받는 등 소통을 위한 방법을 모색하자!

⊙ INTP 리더십 유형

INTP는 업무 의지가 높아 목표를 달성해 팔로워와 신뢰, 존경 관계
가 생기는 팀형은 '보통'으로 체크했다. 과묵하고 타인에게 무관심한
성향을 반영했다. 인간관계를 잘 유지해 즐거운 분위기를 형성하는
인간형은 '보통'으로 체크했다. 타인에게 무관심하지만 친해지면 너
그러워 이를 반영했다. 맡은 바 임무를 최소한으로 하는 무관심형은
'낮음'으로 체크했다. 일의 능률을 올리는데 인간적 요소의 간섭이 일
어나지 않게 하는 과업형은 '높음'으로 체크했다. 감정에 무관심한 것
과 인간적 요소를 분석하는 것은 INTP에게 별개의 문제라 판단했다.

＊ 리더십 유형 **INTP**

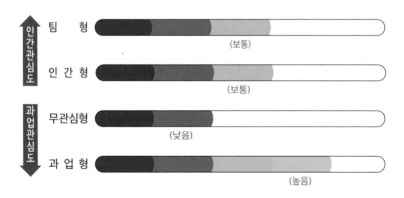

INTP는 인간관심도보다 과업관심도다 높다. 타인에 관한 관심은 낮지
만, INTP 특유의 너그러움을 발휘한다면 팀형이 높아질 것이다.

에피소드

INTP는 월 보고 회의를 주관하고 있다. 회사의 상무인 INTP는 월 보고 중 김 대리의 발언에 발끈하며 묻는다.

> **INTP** 김 대리, 평균의 평균은 수학적으로 의미가 있습니까?

> **김 대리** (당황하며 굳은 얼굴로 눈을 이리저리 굴린다) 네?

> **INTP** (눈에서 레이저가 나오듯 부릅뜨고) 다시 묻겠습니다. 수학적으로 평균의 평균이 의미가 있습니까?

> **김 대리** 아…, 그…, 저는… 문과라서 잘 모르겠습니다.

> **INTP** (화난 표정으로) 문과면 평균의 평균이 의미가 있는지 모릅니까? 서 과장!

> **서 과장** 네! 상무님!

> **INTP** 평균의 평균은 의미가 있습니까?

> **서 과장** 없습니다.

> **INTP** 김 대리! 서 과장도 문과 출신이야! 지금 장난합니까? 팀장이 '평균의 평균' 의미도 모르면서 그걸 자료라고 가져와서 월 보고 회의에서 발표합니까? 여기 회사의 고급인력이 다 모였는데, 지금 이렇게 흐르는 시간 동안 몇 명의 연봉을 깎아 먹는지 알아요?

> **김 대리** (손을 덜덜 떨며 어떻게 해야 할지 모른다)

> **INTP** 김 대리는 보고서 다시 작성해서 메일로 보내요! 다음, 윤 과장 보고서 발표해 주세요.

김 대리는 보고서를 들고 자리로 돌아와 앉는다. INTP 상무는 서울대 수학과 출신으로 평소에 계급을 떠나 대화하는 것을 마다하지 않지만 보고서 회의에서 숫자나 수치가 틀리면 불같이 화를 냈다. 그러나 그것이 항상 그런 것도 아니었다. 보통은 말없이 그냥 들으시는데 가끔 저러실 때는 무엇이 이유인지 팔로워들은 도저히 알 수 없었다. 그룹장이나 팀장의 보고서를 보고 현장에서 바로 아이디어를 공유하거나 문제해결 방안을 모색하는 것이 특출났다.

INTP의 자료를 이해하는 능력에 관해 팔로워의 이해가 부족한 것은 이를 공유하지 않으려는 경향 때문이다. 위에서 INTP 상무는 평소 그룹장들이 일하는 것을 면밀히 지켜보고 회의에서 열심히 하지 않은 관리자에게 한 번씩 화를 내는 것이었다. 특히 보고서에서조차 결점을 보이면 그것을 시작으로 불만을 터트리는 셈이었다. 이들은 타인의 감정을 고려하지 않고 과하게 논리와 비판을 펼친다. 이러한 비판이 조직적이고 체계적이지 않아 즉흥적일 때 팔로워의 당황스러움은 더 커질 수 있어 주의가 필요하다. INTP 리더에게 보고서를 작성한다면 논리적으로 수치와 근거에 집중해야 함을 잊지 말자!

⦿ INTP 팔로워십 유형

INTP는 독립/비판적 사고와 적극성이 둘 다 높은 모범형은 '보통'으로 체크했다. 비판적 사고는 높으나 조직에서 과묵한 INTP의 성향을 반영했다. 독립/비판적 사고가 낮고 적극성이 높은 순응형은 '낮음'으로 체크했다. 순응형은 비판적 사고가 높고 적극성이 낮은 INTP와 반대의 성향을 보인다. 방관하는 수동형은 '낮음'으로 체크했으며 독립/비판적 사고는 높지만, 적극성이 낮은 소외형은 '높음'으로 체크했다. 토론을 좋아하고 융통성이 있는 INTP는 자기만의 세상에만 있는 것은 아니므로 이를 반영했다.

✻ **팔로워십 유형** `INTP`

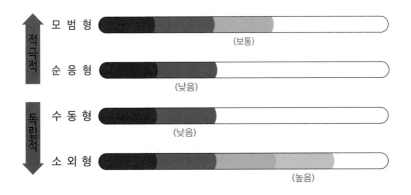

INTP는 독립적이다. 혼자만의 시간이나 공간에서 정보를 통합하고 생각할 시간이 주어진다면 좋은 성과를 제출할 것이다.

에피소드

INTP는 심리학을 전공했다. 심리학은 인간의 성격이나 행동, 성향, 정신장애 등을 연구하고 이에 따른 다양한 세부 과목이 있는 매우 흥미로운 학문이다. 일러스트를 그리는 것이 취미인 INTP는 무심코 그림을 그리던 어느 날, MBTI 유형별로 캐릭터를 그려보면 어떨까 하는 생각이 들었다. MBTI는 상담 실습에 나가면 가장 먼저 접하게 되는 진단지이다. 요즘 MBTI에 관한 관심이 너무 핫하다 보니 취미와 전공을 접하면 어떨지 생각했다.

아래의 순서와 같이 혼자 작업에 들어갔다.

1. 가장 먼저 캐릭터를 그릴 주제를 선정한다.
- MBTI 유형별 특징은 너무 많고, 주기능, 부기능, 3차기능, 열등기능까지 포함하면 무엇으로 그려야 할지 도통 알 수 없었다. '리더십' 같은 주제를 선정하고 주제에 맞는 MBTI 특성에 따라 그림을 그리면 더없이 개성이 드러날 것 같았다.
2. MBTI 유형별 주제에 관련된 키워드를 작성한다.
- 각 단어를 쭉 적어보고 그 키워드를 통해 통합하는 것이 캐릭터를 개발하는 데 도움이 될 것 같았다.
3. 2번의 워드를 통합해 캐릭터별 별칭을 정한다.
- 이번 '리더십 & 팔로워십'의 INTP 별칭은 '혁신적인 통합러'이다.
4. 3번의 별칭으로 캐릭터의 가장 큰 특징을 그림으로 간단하게 표현한다.
- ESTP는 머리 위에 바람을 그리고, ESTJ는 머리 위에 불꽃을 그려 넣었다.

5. 4번의 간단한 표현을 정밀하게 캐릭터로 표현한다.
 - 최종 캐릭터가 이렇게 개발되었다.

  작업하며 재미가 붙은 INTP는 '스트레스 해소'와 같은 다른 주제로도 그려보기로 한다.

이렇게 INTP는 하나의 특정 주제로 다양한 자료에서 필요 내용을 각출하고 그것을 통합하는 능력이 뛰어나다. 그러나 함께 일하는 ENTP에 비해 INTP는 조직적인 것을 힘들어한다. 혼자 일하는 것을 선호하는 INTP는 자신만의 능력과 역량을 펼칠 수 있는 업무를 찾는 것이 좋을 것이다.

⊙ INTP 리더와 팔로워를 위한 조언

> " 가끔은
> 융통성을 발휘해요! "

평소 표현이 많지 않고 과묵한 INTP는 간혹 술이나 카페 분위기를 빌려 입을 열기도 한다. 이들은 그때그때 다른 성향을 보이지만, 이럴 때는 INTP만의 인간적인 면을 보일 수 있다. 예전엔 INTP 상무님이 왜 그렇게 회식에서 술을 많이 마시는지 알지 못했다. 술을 거하게 드신 후 김 대리에게 '김 대리야! 팀장은 말이야…'으로 시작한 평소에는 듣기 힘든 너그러운 이야기를 들을 수 있었다. 그렇지 않았다면 김 대리는 그날 이후로 보이지 않았을지도 모르겠다. 거창하고 형식적인 것을 싫어하는 INTP는 소박하게 삼겹살에 소주 한잔하며 리더나 팔로워의 이야기를 들을 준비를 하는지 모른다. 이는 논리적, 비판적이지만 융통성을 발휘하는 INTP의 또 다른 특성 때문이리라! 다른 융통성도 발휘할 수 있을지 고민해 보자!

MBTI

리더와 팔로워를 위한 체크 리스트

♥ INTP를 위한 체크리스트

✱ 리더십

팔로워의 말을 3분 이상 들을 수 있다. ································ (예 / 아니요)

나와 가치가 다른 타인의 말을 수용할 수 있다. ····················· (예 / 아니요)

대화가 힘들어도 타인과 대면하려고 한다. ························· (예 / 아니요)

업무의 우선순위를 정하고 일을 시작한다. ························· (예 / 아니요)

나의 의견이나 생각을 하루에 한 개 이상 공유한다. ················ (예 / 아니요)

객관적인 기준을 토대로 업무를 배분한다. ························· (예 / 아니요)

✱ 팔로워십

나의 업무를 요약하고 정리한다. ································ (예 / 아니요)

지금 하는 업무의 미래가치를 생각한다. ·························· (예 / 아니요)

업무에 관해 기억하는 세부사항을 정리한다. ······················ (예 / 아니요)

오늘 하루 올라왔던 감정을 추스르는 시간을 갖는다. ··············· (예 / 아니요)

늘 하던 업무에 창의력을 발휘할 수 있다. ························· (예 / 아니요)

때로는 나의 감정을 타인에게 오픈하지 않을 수 있다. ··············· (예 / 아니요)

♥ 주기능의 단점을 보완하고 부기능을 향상하는 방법을 하나씩 해봅니다.

♥ INTP를 위한 정리파일

나의 주기능(Ti)은
어떤 보완할 점이 있을까요?

Ti
주기능

나의 부기능(Ne)은 의사소통에
어떤 장점을 가져다 주나요?

Ne
부기능

♥ 당신의 주기능과 부기능의 건강한 성장을 응원합니다.

MBTI 유형별
리더십 & 팔로워십

초판 인쇄 2024년 11월 29일

지은이   윤서영
펴낸이   윤서영
펴낸곳   커리어북스
디자인   지완 디자이너
편집   김정연
출판등록   제 2016-000071호
주소   용인시 기흥구 강남로 9, 504-251호
전화   070-8116-8867
팩스   070-4850-8006
블로그   blog.naver.com/career_books
페이스북   www.facebook.com/career_books
인스타그램   www.instagram.com/career_books
이메일   career_books@naver.com

값   18,500원
ISBN   979-11-92160-29-0 (03320)